アイヌからみた北海道一五〇年

石原真衣　編著

北海道大学出版会

まえがき　「北海道一五〇年」を自分の言葉で語ること

石原真衣

二〇一八年、この大地は、「北海道命名一五〇年」に沸いていました。お祝いするのはいいけれど、アイヌの物語はどこにいったんだろう。そのような素朴な疑問から、本書の企画は始まりました。思いだけでスタートした企画。あらゆる面で難航し、出版に三年を費やしてしまいました。寄稿いただいた皆様に、心よりお詫び申し上げます。一九六八年の「北海道開拓一〇〇年」のとき、さまざまなアイヌの人々が抗議活動を行いました。五〇年後の二〇一八年、あまりにもアイヌの声が聞こえてこないことに驚き、数名の知人に相談し、本を出そうということになりました。とりわけ、ＯＫＩさんが快く引き受けてくださり、応援してくれたことには、とても勇気づけられました。寄稿してくれた人々の中には、出会ったことのない人々もいます。アイヌとして足並みを揃えない私を信頼してくださった皆様のおかげで、本書を刊行することができました。この本は、五〇年後、一〇〇年後を生きる人々に向けて編みました。この時代、この瞬間、この場所で、人々が何を思っていたのか。それを言葉にすることこそ、大切なことでした。本書で書かれているアイヌの声や物語は、圧倒的な力で訴えかけてきます。何よりも嬉しかったことは、普段は自分の思いをまとまった形で言葉に出さない人々も、この機会に文章を書いてくれたということです。

人類は、農耕を始めてから、土地を所有し、奪い合い、侵略し、殺戮し、傷つけ合ってきました。しかし、同時に人類は、認め合い、赦し合い、愛し合い、希望を見つめ、物語を生み出してきました。「人間である」とは、物語を継承し、紡ぎ続けるということです。痛みに向き合い、受け入れ、それを希望にすることができるのは、人間である証です。私たちは、今、過去に向き合うための強さと成熟、そして、未来への希望を共に語り始めるときを得ようとしています。「北海道一五〇年」というときは、この先の新たな未来へ、踏み出すときでもあります。私たちの〈アイヌモシリ《人間の住む大地》〉は、彩り豊かな物語を携え、世界中のどの場所よりも、人間の豊かさを実現する大地となる可能性を秘めています。本書を手にした読者の皆様が、北海道の物語のルーツであるアイヌの歴史、そして今を生きるアイヌについて知り、新しい時代の創造のために、共にささやかな一歩を踏み出していただくことを願っています。

二〇二一年一月二〇日

目次

目次

アイヌの過去《あのとき》と、アイヌの現在《いま》——アイヌモシリ、蝦夷地、北海道

石原真衣

ここでは、本書に登場するアイヌおよびアイヌの出自を持つ人々が、なぜ、それぞれの声や物語を持つに至ったか、その背景について読者に共有してもらえればと思う。アイヌ民族の歴史や現状について考える際に、他国の先住民との比較は重要であるとともに、諸刃の剣でもある。なぜなら、先住民が置かれる国家によって、いかなる包摂と排除があったのか、多数派社会における同化のプロセス、現在抱える問題点は実に多様であるからだ。日本において、アイヌはいかなる道をたどったのだろうか。本書の見通しをよくするために、これまでのアイヌ民族の歴史と現状の概要を知り、日本型先住民問題と呼びうる視点を共有していただければと思う。歴史に関する所見は、『いま学ぶ　アイヌ民族の歴史』を参照した。

人類史におけるアイヌ

二〇〇一年、最古の人類化石が、アフリカ中部のチャドでみつかった。約七〇〇万年前のもので、サヘラントロプスと呼ばれる霊長類だ。約四〇〇万年前には、猿人がアフリカ大陸に登場し、約一八〇万年前には、原人の一部がアフリカ大陸からユーラシア大陸へ居住域を拡大させた。ホモ・サピエンスは約二〇万年前アフリカ大陸に出現する。遥かなる時の流れを思うとき、我々の祖

先は、さまざまな場所を、おそらく本人たちにとってはそれなりにゆっくりと、移動したのだろう。地球儀を回しながら、七〇〇〇万年前から現在までの人類を思い、胸躍る。

ホモ・サピエンスは、約一〇万年前にアフリカ大陸から世界各地へと移住拡散した。その後約五万年前には、ヨーロッパやオーストラリア大陸に到達。日本列島への人類の到達は、未だ不明な点も多いが、少なくとも約三万年前にはユーラシア大陸から日本列島へ渡ってきたと考えられている。人類の歴史の九九％は狩猟採集社会である。東アジアでは約一万年前に稲作が出現し、西アジアでは約九〇〇〇年前に麦栽培が開始された。食料生産の開始により社会組織は複雑化する。紀元前三五〇〇年頃にはシュメール都市文明が成立、紀元前二一〇〇年頃から黄河流域の二里頭文化で都市や神殿が築かれる。

東アジアにおける水稲農耕は、日本列島にも波及した。紀元前一五〇〇年頃には、陸稲の栽培技術が西日本の縄文文化に伝わる。水稲農耕の技術は、紀元前五世紀に大陸から九州北部に波及した。水稲技術を伴う弥生文化は急速に日本列島内に広がり、紀元前三世紀には本州の北端にまで到達した。しかし、この弥生文化は北海道にまでは及ばない。当時、この大地は北海道という名前を持っていなかったが、便宜上、現在の地名で表記したい。北海道では、引き続き狩猟採集を基礎とした生活様式が維持された。

三世紀か四世紀以降の遺跡から、北海道の「続縄文文化」の土器が、宮城県や新潟県でも見つかった。これらは双方の地域による活発な交流と接触を反映している。五世紀には本州島北部へと広がった古墳文化は、日本列島中央部からの集団移住に伴い、七世紀には本州島北部にエミシ文化を成立させる。七世紀末には、この集団の一部が、北海道島中央部へ移住する。南からの強い文化的な影響を受けて、北海道島中央部から西南部において「擦文文化」が成立する。それは、「続縄文文化」と大きく異なるものだった。これに「オホーツク文化」が融合し、新たな時期を迎える。そして一三世紀以降、歴史段階としての「アイヌ文化」が成立する。サハリン島南部からは、一一世紀の擦文土器の破片が出土しており、これは一一世紀以降にアイヌが北海道からサハリン島へ移住し始めたことを示唆している。その後一五世紀には千島列島南部へ広がり、一七、一八世紀には千島列島北部に至る。中世とは、このようにして、アイヌが北や北東にその領域を拡大した時代であった。

戦うアイヌと日本のエポック

モンゴル帝国との交易や、明朝との交易、鎌倉幕府による支配の時代における安藤氏との関係、アイヌは、まさに、複雑な交易ネットワークに影響を受けていた。一五世紀には、和人の進出とともに道南十二館が構築される。このようにして増えた、和人とアイヌとのつながりは、戦いという結末をもたらしている。北海道における戦国時代は、一四五七年の「コシャマインの戦い」で幕が開いた。この戦いは、領地や港の取り合いではなく、交易をめぐる争いだった。

江戸幕府が開かれると、松前慶広が、アイヌとの交易の独占権を公認される。松前藩が成立し、米がとれないため無高の大名であった松前氏の格式は一万石格だった。松前藩は、渡島半島南部を和人地とし、それ以外を蝦夷地として区分した。やがて、アイヌは移動や交易相手を制限されるようになり、不平等な交換レートが設定されるようになった。一六六五年には、一六四一～四八年における交換レートより、米の価値が三倍にまで膨れ上がった。

「シャクシャインの戦い」は、太平洋岸におけるアイヌ内部の東と西の地域集団同士の対立から発した。シベチャリ(静内)川流域の生業領域をめぐるものだった。松前藩が交易体制への影響をおそれ、調停に乗り出すが、対立は収まらず、東の首長であるシャクシャインが西の首長であるオニビシを殺害したことで、事態は深刻な局面を迎える。松前藩と関係が深かったオニビシを討ったため、松前藩が出兵すると考えたシャクシャインは、一六六九年に蜂起する。この当時の松前藩側の人口は一万五〇〇〇人ほどであるのに対し、アイヌ側の人口はほぼ二万人であった。しかし、武器の差が戦いを大きくわけ、シャクシャインは松前藩からの和睦の申し入れを受け入れるも、和睦の宴の席で謀殺された。

フランス革命が起きた一七八九年、「クナシリ・メナシ」の戦いが起こる。この戦いは、和人支配に対するアイヌの組織的な最後の抵抗といわれる。クナシリ場所では、厳しい労働環境や、場所請負人飛驒屋との取引に、アイヌは不満を持った。また、ロシアが北千島に到達し、抵抗するアイヌを制圧して毛皮税を課していた。クナシリ場所のアイヌ一三〇人余が五月、蜂起した。現地の首長層であったツキノエらに松前藩は首謀者を集めさせ、三七名を処刑。その首は塩漬けにされて、松前へ送られ、さらし首となった。この後、ロシアの脅威を感じるようになった幕府は、一七九九年に東蝦夷地を松前藩から召し上げて幕府直轄地とし、一八〇七年には、西蝦夷地と和人地をも幕府直轄地とした。

当時の蝦夷地には、世界情勢も大きく影響していた。一八〇四年、皇帝アレクサンドル一世に命じられニコライ・レザノフが長崎へ来航、通商を求めた。幕府がこれを拒否したため、一八〇六年にはサハリン島、一八〇七年には択捉島がロシア兵により攻撃された。これによって一八〇七年には、幕府が蝦夷地全域を召し上げる。幕府によるアイヌへの「撫育」が行われ、ロシアとの緊張関係が解消されると、一八二一年には、再び松前藩が蝦夷地に復領した。その後、辺境防備のために一八五四年には福山(松前)城が完成する。クリミア戦争によって世界情勢が不安定になるなかで、一八五五年幕府は再度、蝦夷地を直轄地として箱館奉行を置いた。

一八五九年には、東北諸藩によって蝦夷地は分割統治された。戊辰戦争の最後の舞台は、箱館だった。五稜郭の戦いに勝利した明治新政府は、一八六九年八月、和人地と蝦夷地、国後島・択捉島とその周辺の島々を、「北海道」と「命名」。本書がテーマとする「アイヌからみた北海道一五〇年」とは、まさに、このときをルーツに持つ。北海道命名の頃は、解放令による戸籍法制定もあった。北海道に住む和人住人よりも三年遅く、アイヌの戸籍は完成した。

そして、アイヌは、文化や風習を禁止され、「日本人化」の運命をたどる。

日露戦争と第一次世界大戦を「日本人」として体験し、日本語を習得するなかで、アイヌは、大正デモクラシーにおける言論活動を展開するようになった。多数派の言語を習得することで、抵抗の道を切り拓く。その精神は、戦後へと続く。

激動の戦後の中で目指した地平

戦後のアイヌの状況については、本書で新井かおりさんが書かれている。「先住民」としてのアイヌ民族に関しては、鵜澤加奈子さんの文章に学びたい。ここではいくつかを指摘するにとどめよう。アイヌ民族の戦後において、重要な「他者との出会い」はＧＨＱとの出会いだっただろう。北海道アイヌ問題研究所の高橋真は、ＧＨＱに対し、アイヌ問題解決に向けた請願書を提出した。その後高橋は、自身が発行する『アイヌ新聞』において、たびたびＧＨＱへの期待を表明している。そして一九四六年、北海道アイヌ協会が設立する。

アイヌ協会の誕生とともに刊行された『北の光』には、当時のアイヌ民族の心情が表されている。当時常務理事であった小川佐助は、アイヌ協会設立の趣旨について以下のように述べている。

（前略）定款にもあります通り、アウタリーの向上発展、福利厚生を図るを以つてその目的とするものでありますが、もつと分り易く申上げると、其生活と言い文化と言い、非常に悲惨な儘放任されてある我々アウタリーが、従来個人の力ではどうにもならなかつたことを、アイヌ協会と言う、お互が結束した団体の力で、文明人としての平均水準まで、向上しようと言うのが即ち、本会存立の終局の目的なのであります。

従来も各地の同族《ウタリー》の先覚者と言われた方々から、自分の一生をアウタリーの為に捧げ度いと言う声は、しばしば聞いて参りました。

自分の血のつながりである同族《ウタリー》が、文化に遅れて生活程度が底《(低)》いと言う丈けで、至る所劣等扱いにされ、社会的圧迫に苦しめられた数々の悲劇に、義憤を感じずには居られなかつたからであります。

だが、一旦省て、自分達の身辺をながめた時に、そこには余りにも不衛生的な住宅、惨めな生活、見難い服装、是れではいけない、何とかしなければいけない、自分が何とかなりさへすれば、此の悲惨なウタリーの為めなら、どんな働きでもして見度いと言うのが、即ち同族である限り、みんな共通の意識であり悩みであつたのであります。（中略）

終戦後、私共にも自由が容されたのと同時に、誰れ言うとはなしに、全道一万七千のアウタリーが、此際ほんとうに結束して、自主的に立ち上ろうではないか、如何に弱い者ばかりでも、同志がほんとうに結束して協力したならば従来私共が悩み苦しんで来たことの解決位い、何でも出来ないことがあろうか、先ず団結しようではないか、そして然る後、団体の力でお互ひの向上を図ろうではないか、と言う同じ意識の結集が、そもそも本会が設立された動機であり、目的であつたのであります。（『北の光』創刊号：六―七）

小川は以上のように述べ、アイヌ協会は「和人に対して抗争したり、対立したり、摩擦を起す」ような政治団体ではないということにも注意を呼びかけている。「世界文明人に伍するまで、向上しようではありませんか」と述べ、この目標が達成されたら、「アイヌ民族」へもたらされる世界を以下のように描いている。

（前略）其社会には、人種差別も圧迫も絶対に無い筈です、我々の孫の時代でも曾孫の時代でもよい、人種差別がなくなつて、社会的圧迫が無くなつたら、どれ程明朗でせう、我々の孫が曾孫が、学校へ行つて勉強するにも、どんなに楽しいことでせう、遠足の時でも修学旅行の時でも、仲良く仲間へ入れてもらへたら、どんなに楽しいことでせう、仕事だつて、明朗でさへあつたら、どんなに能率が上ることでせう、考えて見た丈けでも愉快ではありませんか。

人類に即した愛の実践こそ、如何に人智が発達しよう共人類が存続する限り、精神文化の最高峰を行く、永久不滅の最も尊いものであることを堅く堅く信じつつ、アイヌ協会の団結の下に、強いウタリーも弱いウタリーも、お互ひが手に手を取り合つて、道は遠く共けわしく共、彼岸の光明に到達するまで、努力を続けようではありませんか。（『北の光』創刊号：一〇）

半世紀以上前のアイヌ民族による声である。自分たちがたどった運命を受け入れ、自らがその解決へと志向し、共生を謳う。自分たちの運命を呪わずに、そして他者を攻撃することもなく未来を切り拓こうとする、おだやかな小川の文章に、尊敬の念を持ち、心が癒される。この文章は一九四八年に書かれている。それから約七〇年。われわれが暮らす社会はどのように変化しただろう。本書で描かれるアイヌの多様な物語をこのような過去《あのとき》とともに読んでほしい。

アイヌの「いま」

アイヌのいま、を表す言葉は、転化であろう。転化とは、他の状態に変化すること、転じていくことを意味する。漫画『ゴールデン・カムイ』が、第二二回手塚治虫文化賞大賞を受賞し、「アイヌ」と言えば、「ゴールデン・カムイ」、と言葉が返るほどである。先日、道外から北海道大学のオープンキャンパスに訪れた高校生が、『ゴールデン・カムイ』のファンで、北大でアイヌ文化の勉強をしたいと言っていた。本書でも登場するＯＫＩさんやMAREWREWなどのアーティストは、今や国内外を問わず人気を誇る。二〇二〇年である今年、北海道初の国立博物館となる、アイヌ民族博物館が白老に開館した。オリンピック開催時にも、アイヌの存在感は示されるだろう。

アイヌはもはや日陰の存在ではない。認められ、憧れられ、文化のマーケット化が進む。かつて小川佐助が「世界文明人に伍するまで、向上しようではありませんか」と述べ、「孫の時代でも曾孫の時代でもよい、人種差別がなくなつて、社会的圧迫が無くなつたら、どれ程明朗でせう、我々の孫が曾孫が、学校へ行つて勉強するにも、どんなに楽しいことでせう、遠足の時でも修学旅行の時でも、仲良く仲間へ入れてもらへたら、どんなに楽しいことでせう」と言ったことを思い出したい。一九〇五年生まれの小川佐助の「孫や曾孫の時代」が、いま、である。

アイヌの中には、本書でアイヌとしての立ち位置から、学術的な視点を提供した新井かおりさん、鵜澤加奈子さんや、前述のＯＫＩさん、MAREWREWなど、国際的に活躍する人々がいる。アイヌを「かっこいい」と言う人も、少なくなくなった。今や、アイヌが、「遠足の時でも修学旅行の時でも、仲良く仲間へ入れて」もらえる時代が来たのだろう。私がこれまで出会ったアイヌのフチたちも、「差別がなくなってほしい」といつも言っていた。当然、差別を含むアイヌの生きづらさが、完全に解消されたわけではない。しかし、たった半世紀前のアイヌたちの声に耳を澄ませば、時代は明らかに転化していることがわかる。小川佐助は、そして、今は亡きアイヌたちは、草葉の陰から喜んでいるだろうか。「アイヌであること」で、生きることそのものが脅かされた時代、それは、もうありし日の日々のようだ。

アイヌ民族やアイヌ文化が、称揚され、社会に受け入れられることが、アイヌにとっての光の時代であれば、そこから生まれる闇にも注目したい。光と闇は不可分の現象である。光があれば必ずそこには闇があり、けっして片方のみの出現はありえない。光を見るときに、同時に、そこに闇があることを忘れたくない。その両者を知り、考え、議論につなげることでしか、次の未来を築くことはできないからだ。

アイヌの「いま」が内包する闇の部分とは、忘却されたアイヌの〈痛み〉である。その一つは、「サイレント・アイヌ」の物語だ。私はこれまで、アイヌの出自を持つ私が、なぜ歴史や物語を継承していないのか、そして、出自についてなぜ沈黙するのか、自伝的民族誌《オートエスノグラフィー》と家族史《ファミリーヒストリー》によって明らかにしてきた。「サイレント・アイヌ」の沈黙はさまざまである。アイヌであることが嫌で隠す。アイヌとして生きたいけれど、それができないから、隠す。アイヌの出自を持つことを知っているが、歴史や物語、文化について何も継承していないがゆえに、何を語っていいかわからない。私はこれを「言葉の不在」と呼んだ。そして、私自身が今、抱える沈黙とは、自己の物語について語っても、その語りが構造や秩序から排除されるというものだ。これは、哲学者今村仁司が提示した「第三項の排除」である。秩序や構造とは、「アイヌ／和人」という分類体系で構成される。ここから零れ落ちる「私」は、言葉を発しても、排除をまぬがれない。

　北海道大学アイヌ・先住民研究センターによる実態調査では、「北海道ウタリ協会会員、道内在住の元協会員、アイヌ民族であることが明確な道内在住の非協会員が属するすべての世帯と18歳以上85歳未満の世帯構成員全員」を対象に調査が行われた。調査対象者が「アイヌ民族であることが明確」である者とされながらも、民族意識を問う項目においては、四八％の回答者がアイヌ民族であることを「まったく意識しない」と回答し、今後の生き方を問う項目では、七四・三％が「特に民族は意識せず生活したい」と回答している（『現代アイヌの生活と意識――二〇〇八年北海道アイヌ民族生活実態調査報告書』）。

　この調査結果を、「アイヌであることを否定している」とか、「アイデンティティが希薄になった」というのは早計だ。民族や人種といった概念や問題について、特に植民地を失って以降の戦後の日本では、社会全体としての議論が要請されなかった。日本の国勢調査に民族や人種の問いがないことはその証左である。例えば、二〇一六年のカナダの国勢調査では、二五〇もの出自が確認され、それによって多様な自己認識を形成し、社会がそれを受け入れている。一〇人に四人は、二つ以上の出自を持つという。カナダ国民のほぼ二人に一人が、マルチレイシャルであることになる。先住民が複数の出自（「白人」も含む）や歴史性を持つことも、珍しくない。

一方で、表面上は、日本では民族や人種などの出自は考慮されず、「日本人」が想定されているのみである。アイヌ民族が一方的に日本に編入された背景には、先住民を非人間として位置づける人種化の力学があった。アイヌ民族が現在直面する様々な窮状を改善するためには、レイシズムに関する深い理解が不可欠である。今後の政策と研究に期待したい。日本型先住民問題に特有の課題はさまざまに存在する。アイヌ民族実態調査における結果の「語り」や「言葉」の背景にどのような社会構造があるのかは特に重要である。

忘却の彼方にあるもの、その一つは、明らかにアイヌ遺骨問題である。世界的にみて、遺骨返還にまつわる事象は、とても複雑で、多大な痛みをともなう。だからこそ、時間や労力を費やす対話や癒しが求められている。しかし、今、アイヌ当事者であれ、返還のプロセスに関わる和人であれ、〈アイヌ〉の声を聴き、支援しようとする研究者であれ、そこから発生する痛みやトラウマが、個人化してしまっている。対話は阻まれ、対立や、無関心が起こる。だからこそ、優先順位がつけられる「正義の倫理」からそれぞれの痛みに注目する「ケアの倫理」へ移行したい。国際会議や国際学会で発表をすると、海外の研究者や先住民からは、アイヌ遺骨問題の動向を注視していることを告げられる。日本や北海道という地域を限定した議論は、閉塞感を深める。より大きな枠組みで議論を深めることは、また新たな可能性を生むだろう。

もう一つ、アイヌの「いま」の闇の部分として、自死について触れたい。誰がアイヌか、法律上では明文化されず、法的な区分がないアイヌ社会では、アイヌ民族およびアイヌの子孫の実態像を捉えることは大変困難である。自死についての統計も存在しない。しかし、アイヌ同士の囁きの中で、アイヌの自死は語られてきた。「アイヌであること」によって生きづらかった過去。そして、世代間継承される貧困や悲しみ。それは少なくないアイヌに自死という運命を招いた。明るい未来が到達した今、このような話はさらに伝わりにくくなっているかもしれない。

最後の一つは、アイヌに対する排外主義である。新井かおりさんの「百五十年、胸中に去来するもの。」で詳細が論じられたので繰り返さないが、この問題は、アイヌに関する「いま」に光が当たれば当たるほど、置き去りにされている闇の部分ではないかと思う。日本における排外主義は、東アジアの地政学に基づかなければ理解が到達できない、「日本型排外主義」によって形成されている。社会学者の樋口直人は、日本において「外国人排斥を主たる目的とした継続的な組織化(傍点ママ)は、現今の排外主義運動が日本で初めてのものといえるのではないか」(樋口二〇一四：一〇)と述べ、排外主義運動とは、もはや「病理的な通常」であるとし、通常の民主主義の一部とみなすことを宣言する（樋口二〇一四：一〇）。

　すべての進展は、それを光とするならば、闇や犠牲なくしてその達成はありえない。われわれ人類は、原始社会を否定し、近代国家をつくることで、地球やその他の生命体に対する優越性を拡大した。科学やテクノロジーの進化と深化は、かつての人類の文化を乗り越え、刷新し、捨て去ることで可能となった。われわれは、かつてあったものを否定し、忘却し、廃棄することで、今手にしているものを獲得してきた。それを享受とも呼ぶことができる。光には闇が、構造と秩序には排除と暴力が、言葉には沈黙が、創造には破壊がある。

　二〇万年にわたる、われわれホモ・サピエンスの歴史において、暴力と排除は、共同体形成と維持のために、不可欠な要素だった。それぞれの集団の間に境界を引き、集団のメンバーを含む共同体の資源を守り、相互に侵犯しないために細心の注意が払われた。それでも、当然闘争は起き、その闘争を解決するための暴力や排除は構造化されていた。そこで行使される暴力とは、現在社会が内包する、物理的強制力を持つ暴力とは区別される。前者はむしろ「暴力をなくす力」であり、後者は人間やいのちや地球を破壊する力である。

　このような原始社会は、しかし、見えない世界、聴こえない声、排除された第三項への想像力にあふれていた。そして、それらを、それぞれの世界観における不可欠な要素として生活に根づかせていた。それが具現化するのが、儀礼の場であった。われわれは、近代や文明や構造や秩序によって、飼いならされ、「目覚めを待つもの」への想像力は失われた。アイヌ遺骨問題や、「サイレント・アイヌ」の存在、そして、ひっそりと死んでいったアイヌたちの物語は、光の時代を迎えた今、忘却のポケットに入れられている。

光に到達した〈アイヌ〉の姿と、忘却された〈アイヌ〉の悲しみは、両方とも、本書で遺されただろう。アイヌの世界を照らす光が輝き、アイヌの世界は転化を遂げる。そして一方で、その光の総量と比例しながら拡大する闇が生まれている。両者の間に優劣はない。そのすべてが、尊い物語だ。小川佐助が、そして、多くのアイヌが渇望した「未来」に今、到達しつつある。このような、かつての「未来」である現在における希望を、ますます進め、安定させることは、社会における重大な責務だろう。しかし、その一方で忘却され続ける〈アイヌ〉の痛みに、読者が少しでも近づき、光と闇を同時に携え歩むことができれば、ここからわれわれ人類は、豊かさを問う新たな地平を望めるのかもしれない。

参考文献

石原真衣、二〇二〇年、『〈沈黙〉の自伝的民族誌《オートエスノグラフィー》——サイレント・アイヌの痛みと救済の物語』、北海道大学出版会。

加藤博文・若園雄志郎（編）、二〇一八年、『いま学ぶ　アイヌ民族の歴史』、山川出版社。

樋口直人、二〇一四年、『日本型排外主義——在特会・外国人参政権・東アジア地政学』、名古屋大学出版会。

北海道大学アイヌ・先住民研究センター（編）、二〇一〇年、『現代アイヌの生活と意識——二〇〇八年北海道アイヌ民族生活実態調査報告書』、北海道大学アイヌ・先住民研究センター。

一五〇年後

Oki Kano

アイヌから見た一五〇年という壮大なタイトルに見合う知識がない。今からケイタイで調べたところで付け焼き刃、とりあえずゴールデンカムイでも読むか。そもそも自分がアイヌかどうか考えれば考えるほどよくわからなくなっている。

しばらく海外にいて日本に帰ったときに嗅覚が一番反応するのが醤油だしの匂いだ。決して熊肉食いてえとはならない。熊の脳みそとキトピロのタタキよりアジのタタキを食いたい。ホッケの開きよりアジの開きが食べたい。なぜならおれが生まれ育った湘南といえばアジなのだ。ホッケは泳いでない。こんなことを言ってる時点でアイヌ失格なのだ。おれという個体はマルチ・レイシャル（多人種）だ。

そんなおれにも砂澤市太郎という凄い祖父がいる。家に猟銃を持った市太郎の写真があるが背後にミッキーマウスの耳のようなものがある。それは吊り下げられた巨大な熊だった。アイヌ名トアカンノ、一本の矢つまり獲物は逃さないという意味だ。砂澤市太郎の猟場は愛別《あいべつ》の山。春先に雪が固く締まり歩きやすくなった頃、冬眠明け直前の熊を狙うために山に入る。運良く熊を仕留めたら熊は山に残し、愛別の郵便局に降りて近文《ちかぶみ》の部落に電報を打つ。山に戻り熊を皆で解体し山を下りる。猟銃片手に生きた小熊の入ったリュックを背負い石北線《せきほく》に乗る。今では銃はおろか子犬の乗車も難しい。家に帰るとさっそく大宴会が開かれる。酔って気分の上がった市太郎は大声でインターナショナルを歌う。共産主義をたたえる歌だ。手慣れたベラモンコロばあちゃんは手際よく布団をかぶせる。万が一、特高警察に聞かれたらやばいことになる。祖母のベラモンコロはクリスチャンで母屋で賛美歌を歌い、隣のチセで市太郎はカムイノミをする。戦後、この二人はアイヌの土地が取られそうになったときに国会に陳情に行った。資金が底をつき上野で木彫りの熊を売った。これは全部叔父の一雄ちゃんから聞いた話だ。

上川《かみかわ》アイヌを救ったクチンクレ。反抗は石狩川筋アイヌの伝統だ。上川アイヌは石狩の漁場でこき使われなかなか家にかえしてもらえず、ようやく雪の降る頃に家に戻っても冬支度もままならない。ある日突然、労働力獲得のため上川アイヌは全員石狩に移住せよと石狩役所から通達されたクチンクレは従者とともに小雪の舞うなか石狩川を一五〇キロ下った。クチンクレの抗議に役人は返す言葉もなく上川アイヌは移住を免れた。もしこれがなければおれはこの世に生まれてこなかったかもしれない。クチンクレは意思表示することを恐れなかった。

クチンクレは松浦武四郎のツアーガイドもしたようだ。先祖をたどっていくと一五〇年前はつい最近のことのように感じる。当時日本は伝統的な狩猟を禁止するなど全体重をかけてアイヌを押しつぶそうとした。日本人に稲作を禁止するようなものだ。武四郎は行きすぎたハラスメントと搾取をきつく批判している。ルポルタージュ『アイヌ人物誌』はたいへん愛おしい内容だ。どれほどアイヌ語が理解できたかは定かではないが武四郎が書かなければここに描かれているアイヌは永遠に人々の記憶から消えていただろう。

武四郎は国防意識の強い人でじわじわと南下するロシアを問題にし日本の北の果ての国境はどうなってるのかを調べに来た。ロシアに対して毅然とした態度をとったカラフトのカニクシアイノ、ヘンクカリについて「わが皇国のご威光が輝くばかり」、「わが皇国の権威が少しも傷つけられることがなかった(1)」と感動している。「皇国の一員であるアイヌが居住地する蝦夷地は日本なのだ。だから千島、樺太半分、蝦夷地は日本の領土となるのだからアイヌを邪険に扱ってはいけないのだ」、武四郎は博愛精神だけではなく国防意識からもアイヌを見ていた。アイヌを日本に組み込めばアイヌの住む土地はすなわち日本の領土になる。それが武四郎の考えだ。

二〇一九年は北海道命名一五〇年というイベントが組まれた。道は開拓一五〇年だとアイヌに失礼だと思ったのだろう。開拓でご迷惑をおかけしましたとさっさと謝ってしまえばよいのになかなかできないでいる。メディアに散々登場した武四郎だが今はもういない。

一五〇年前の入植者の生活は過酷だったという。北海道を無主の地(持ち主のいない土地)とし入植者で分け合ってしまったからアイヌは居場所がなくなった。そんなことを葛野辰次郎エカシと話したことがある。エカシは窓の外を眺めながら「それにしてもアイヌはよく生き残ったわい」と独り言のようにつぶやいた。そのシーンは今でも脳裏に焼き付いている。今のアイヌは生存者の末裔なのだ。そういうことには一切触れずに祝うのが北海道命名一五〇年記念行事だった。それに対しては別にどうも思わない。アフリカもアメリカも南米も同じ道をたどった。

このところ毎日のように北海道新聞にアイヌ関連の記事が掲載されている。新聞は購読してないがSNSで読むことができる。こんなおれにも先日取材の依頼が来た。アイヌ民族のアーティストOKIと書かれている。石狩川筋のアイヌとしてはここは反抗すべき場面なので、大和民族のアーティストとは言わないのになぜアイヌ民族と表記するのか?と尋ねたところ、社内でアイヌ関連の記事はアイヌ民族と表記する決まりがあるという言葉が返ってきた。日本人は日本人初の、とか日本を代表してというのが好きだ。

それよりADHDなので頭の中の散らかりようがすさまじい。さらに英語で話しているときは人格に変化が現れる。壁のスイッチのように瞬時に切り替わる。三段階になっていて真ん中にアイヌがある。アイヌ語で一〇〇%考えられたらさぞかし爽快だろう。アイヌはおれのプライベートな事柄だ。

海外のライブでは必ず正装でステージに立つ。このときばかりは民族を背負って立つ覚悟だ。でも届けるのはおれの音楽だ。いい演奏をすることに全力を注ぐ。そもそもへたくそなので集中しないといけない。数万人の前で堂々としていたい。二〇一九年の台湾のフェスはアディダス・ジャージだった。へたれてない新品のアディダスだ。原住民のフェスだったしみんなおれのこと知ってるからね。アイヌ衣装を法被のように着て、よれたTシャツ、ジーンズに汚いスニーカーは絶対にありえない。おれの知ってる先輩アイヌはかっこよかった。個性の固まりだった。金がなくてもキメてた。

民族の中身は一筋縄ではいかない。支持政党だって自民、公明、共産、れいわとさまざま。まじめにこつこつ努力している人もいれば、あわよくば助成金でも流用してウハウハしたい輩もいる。酒やタバコに溺れる人も飲まない人もいる。アイヌ文化は自然崇拝というより先祖崇拝が強い。人類学者に盗掘された遺骨を元ある場所にかえせという人もいれば、いや、かえって来なくていいという人もいる。一方あまり気にしてない人もいる。アイヌ文化に関わらないアイヌもたくさんいる。親が言わないからアイヌだとはわからないまま一生を送る人もいる。日本は国家だけどアイヌに国家はない、そういうとハッとする人がいる。

天才ギタリスト、ジミ・ヘンドリックスは黒人とアメリカインディアンの血が入っている。インディアンって言ってはいけないのか？　アメリカンネイティブ、ファースト・ピープルというのがいいらしい。ジミヘンのようなブラックインディアンはたくさんいる。ジミヘンのルーツはチェロキー族だ。意外なことにエルビス・プレスリーもチェロキーの血を引いている。チェロキーに近いセミノール族は安住の地を探すために東を目指した。フロリダに腰を下ろしたセミノールはやがて部族を強化するためにカジノビジネスを始めた。国からの助成が少ないのでカジノで稼いで部族のインフラを整えた。カジノで稼げるのを見た国はさらに助成金を削除した。最初はビンゴだったが今ではラスベガス以外のカジノではトップの額を売り上げるまで成長した。もともとインディアンには富の再分配のための賭博文化があるのでカジノ運営には抵抗感が少なかった。最近になってセミノールは世界進出を果たしたハードロックカフェを買収、以後ハードロックという名義でカジノを経営している。苫小牧でＩＲ誘致活動をしているハードロックのことだ。巨大化したギャンブル施設はもはやセミノールだけのものではない。北海道にＩＲができても富の再分配にはならないだろう。

二〇二〇年、アイヌ文化は観光コンテンツとして重要性が増している。アイヌもリクエストに応じて民族を演じる。観光の波は何回も来た。戦前、砂澤市太郎は樺太のポロナイスクの原住民テーマパーク「オタスの杜」でアイヌグッズのビジネスを展開した。四〇年ほど前は旭川でも熊の木彫りが飛ぶように売れたそうだが今回は少し話が違う。国や道、企業から潤沢な資金が投入されているからだ。

アイヌが世に広まるのに比例してアイヌを否定する輩も増えた。いまだに日本は一つの民族などという政治家がいる。彼らの支持者は真偽のほどはどうでもよい。さすが○○さん！よく言ったと持ち上げる。そういう人たちはネトウヨだけではなく政治家や文化人の中にもいる。メディアの追求が甘いのをいいことに、こういう発言を繰り返すことで支持を広げている。批判されるのをわかってわざと発言している。たまにこのような発言を投下して様子を見ている。それは無知だ、訂正しろ、謝れ！という声を聞きながらにやにやしているのだ。こんなことがアイヌだけではなく世界中で起こっている。人間というのは実にややこしい生き物だ。

世界の富豪上位二一五三人が二〇一九年に独占した資産は、最貧困層四六億人が持つ資産を上回ったという。環境活動家グレタ・トゥーンベリさんは国連の演説で温暖化対策に本気で取り組まなければ「あなたたちを許さない」と大人たちを激しく叱責した。グレタさんは目先の金儲けに走る資本主義を批判したからバッシングを受けた。ガキが何を言うか！と痛いところを突かれた大人たちは一斉に反発した。グレタは原発容認だという嘘も広まった。フェイクニュースは巧妙にできている。あやうく引っ掛かりそうになった。

二〇一九年の暮れ、北電は泊原発の放射性物質放出量を三一年間過小報告していたことを発表した。以前から泊村のガン発生率が道平均から突出していると指摘されていたが、なんとも不吉な発表だった。原発のあるホリカプはとても美しいところだ。山から滋養のある成分が海に運ばれ、遠浅の岩場はサザエ、アワビの宝庫だという。かつてはニシンも群れをなし縄文の時代から漁場として栄えた。地層はバームクーヘン状の固い層と柔らかい層でできている。海溝は深く、シマフクロウの神様の銀と金の柄杓で海水を汲み出してみれば、原発はもろい地層でできた断崖の上に立っていることがわかるだろう。そのうちホリカプの浜で安全祈願カムイノミをしたいと思っている。

おれにとって音楽を作る上で重要なのは「先祖を知らぬ者、それは根のない木と同じ」というマーカス・ガーベイ(2)の言葉だ。このメッセージは、アイヌを内面から捨て去ろうとしたおれを引き止めた。レゲエのレコードの裏ジャケに書いてあった。アメリカでもヨーロッパでもない、四国ほどの大きさのアフリカ奴隷の末裔の国から、魂を揺さぶる強力なリズムが生まれたところがすごいのだ。下ネタを連発すると思いきや、搾取する者をバビロン、行きすぎた資本主義をバビロンシステムと呼び、世界にレゲエを広めることで人種を超えた融和と愛を訴える。反抗をモットーとする石狩川筋のアイヌにはぴったりの音楽だ。おれはストリートから生まれたまさに聖と俗が入り乱れた音楽を心から愛している。トンコリは中央アジア、アフリカ、ジャマイカ、日本のリズムにつながる楽器だ。これはファンタジーではなく真実だ。譜面を見ながらトーキトランランを弾くばかりでは自分のスタイルは見つけられない。

(1) 松浦武四郎原著、更科源蔵・吉田豊訳、『アイヌ人物誌』、農山漁村文化協会、人間選書、一九八一年。

（2）ジャマイカ生まれの思想家。アフリカ帰還運動を展開。帰還のために船舶会社ブラックスターライナーを設立した伝説の人物。

考え方

天内重樹（白糠アイヌ、白糠出身・在住、三五歳、男性）

北海道命名一五〇年、北海道と名付けられてから一五〇年だけれどもアイヌも北海道に入植してきたたくさんの人たちもたくさんの苦労や辛い思いをしてきたのは間違いないことだ、自分の親やばあちゃん、聞き取りをしたエカシ、周りのおじさんおばさんたちが体験した差別や理不尽な話、今でも話してくれたときの顔を思い浮かべると暗い気持ちになる、だども皆、共通して多いのは明るく強く生きてるということだ、だから今もアイヌの伝統や精神が残ってるんだと思う。

今、自分がやるべきことは昔のことを掘り返してぐちゃぐちゃ言うんでなくて今に伝わるアイヌの色々なことを覚えて繋いでいくことだと思う。過去に遡って暗いことを言うとキリがないから、北海道一五〇年を機に何かすんなら未来に向けて俺らの先祖が何を伝えたかったたか考えながら活動することが一番なはずだ！

アイヌも和人も、どこの世界の人でも良い人もいれば悪い人もいる、当たり前のことなんだけども何人とかどこの国とか何の宗教とかの枠にはめて考えるから難しくなる、皆何かに感謝しながら生きてる同じ人なんだから、少しだけ考え方を変えてけば上手く付き合えると思う。

北海道命名一五〇年をきっかけに明るい方向に向かえば良いと願いながら自分にできることをていっぱいやっていきたい！

血の誇り

五十嵐タカヒロ（札幌市、映像作家）

三年前私の父が亡くなった。腎盂癌。亡くなる前に父が言った言葉を私は忘れない。「俺たちはアイヌの血をひいている」。衝撃というよりも「やはりな」と思った。年少の頃から夫婦喧嘩の終いの言葉が「あんたはアイヌだから」だったからだ。私の中には後志アイヌの血が流れているのだ。この北の大地で自然と共に生きてきた先祖の魂が私にも宿っている。先人たちは差別され、言葉では言い表せない屈辱を受けてきたのだ。和人とアイヌの血を受け継ぐ私。開道一五〇年。正直複雑な想いがある。しかしこれだけは言える。内地史観の歴史に惑わされてはいけない！先人たちはすでに、この大地で生きてきたのだから。

アイヌの血を受け継ぐ者として北の大地に生きる者として、先人たちの苦労を伝え、アイヌであることに誇りを持って生きられるような時代になるため、私は、映像作家として活動したいと思っている。今さら、差別なんてハンカクサイことなのだよ。

未来に向けて

石原イツ子（自営業、平取町出身、札幌在住、六八歳、女性）

一九五二年に、平取町《びらとり》で生まれました。一五歳まで平取で暮らしましたが、アイヌの血をひく者が多い所でしたので……、表立った差別は私にはなかった気がします。小学生の頃には「シヌエ」をした老人がいたり、家の近くでシンヌラッパをするウタリを見たりして育ちましたが……私には民族が違うということが「何」なのかわからずでした。

中学の頃になると……商店などで「アイヌ系」の子はよく問題をおこすから雇用に差しさわりがある、と噂話が聞こえたり、結婚差別があったりと、少しずつ「アイヌ」であることの不便さを感じるようになりました。

「アイヌ」で生まれたことが何か悪いレッテルと感じていました。二一歳のときに札幌で就職して、ウタリ協会札幌支部に入会し、ウタリの知人がたくさんできて、一番若い私は当時の会員の方にお世話になりました。その頃は、皆で権利回復運動がさかんでした。（一九七〇年頃に）アイヌ関係の本を読んだり……。私たちは何も「恥ずべき民ではないこと」も悟りました。

森竹竹市、佐美、山本多助、荒井源次郎、砂澤ビッキ、豊川重雄、樺修一、小川隆吉、早苗、ほか、たくさんの先輩方に出会ったおかげで、私はアイヌの血を引いていることに前向きになったと思う……。

日本に吸収されて一五〇年……。私は、さまざまな出会いを経て、この地の歴史を考えられるようになった。幼い頃の差別は、一生心の傷になります。学校で、歴史教育をちゃんとしてくれることを望みます。

フチからの伝承

宇佐照代（ハルコロ、AYNURUTOMUTE代表）

祖母は大正九年、択捉島《エトロフ》で生まれ三歳まで過ごす。後に仕事を求め関東に上京。八五歳で病に倒れる。倒れたその日そばで手を握った。

すると「民族の誇りを持って生きて行くと発表して下さい！」……驚いたが、その通りに伝えた、ばあちゃんは微笑んだ……。

病床で昔の記憶が蘇り「ソ連の兵隊が鉄砲持ってやってきてニワトリが騒いで……怖かったよ……」とうわ言のように話していた……。

九歳で母親を亡くし口を染めたお婆さんに育てられた。ともに行商に行きさまざまな耐え難い差別を祖母は受けた。

アイヌに生まれアイヌに育てられアイヌ語を話し……でもアイヌ語を子や孫に伝えることはなかった……。それほど話すことに抵抗があったのだろう、祖母たちが生きてきた歴史の中ではアイヌ自身が強く虐げられてきた環境によるものだろう……道外のアイヌは道内のアイヌの後……もしくはアイヌではない……という扱いが多々ある。特に早くに上京してきた祖母にはずっとそのジレンマがあったのだろう。「民族の誇りを持って生きてほしい……」と言い残した言葉、思いを、今を生きる子、孫として繋げていきたい……。

育て合う

岡田勇樹（札幌大学交流推進部研究支援課、苫小牧出身・札幌在住、四三歳、男性）

私は札幌大学ウレㇱパクラブを業務の一環としてサポートしている。ウレㇱパクラブはアイヌと和人の学生がアイヌ文化を学ぶことを通して「育て合う」団体だ。日常的な学習のほかに、依頼を受けて芸能公演を行うこともある。二〇一八年は北海道一五〇年記念式典にも参加した。

式典については厳しい見方もあることは知っている。ウレㇱパクラブが諸手を挙げて北海道一五〇年を祝っているのではないかと思う向きもあるだろう。しかし、実際はそうではない。式典参加にあたり「「開基意識」払拭の機会に」（二〇一八年六月二七日、北海道新聞・朝刊）という札幌大学前学長の桑原真人氏の記事を読むなど、その意義を考える機会も設けた。その上での参加だったのである。

北海道一五〇年記念式典ではウレㇱパクラブが出演依頼を受けたこともそうだが、北海道でアイヌと和人が共生・共存していること、そして手を携えて未来に進むということを強く意識していることがわかる。もちろん、それはあるべき姿であろう。

しかし、本当にそれはうまくいくものだろうか。私は「アイヌ差別は減ってきていて、現在はほとんどない」とウレㇱパクラブに入った当初は言っていたが、ほどなくそれが間違いだったことに気付く。いまだに目を覆いたくなるような言説をインターネットや書店で目にすることがある。元札幌市議や元道議のヘイトスピーチが報じられることもあった。実際に差別的な発言に遭遇することもあったが、湧き上がる怒りを抑えながら、別の話題に移るように促したこともある。アイヌ差別は存在しているのに、知らないだけだったのだ。

だからこそ、より強い気持ちを持たねばならないと思うようになった。アイヌと和人が共生すべきだという答えは出ている。アイヌ差別がなくなることはないのかもしれない。アイヌと和人の共生がうまくいっていないのであれば、うまくいくようにするしかないのだ。

正直、私は一五〇〇年という数字も、アイヌ語にちなんだといわれている北海道という名前にもこだわりはない。この土地はそう名付けられる前から存在しているし、市町村合併によってアイヌ語地名が消えていく昨今、北海道という名前すら変わらないとも限らない。

結局、大事なのは一五〇〇年という数字でも北海道という名前でもなく、この土地に生きるアイヌと和人が試行錯誤しながらも「育て合う」ことである。私はただ、そう思う。

アイヌの足跡が残る土地から

織田登（厚真アイヌ協会会長、四〇代、男性）

北海道の一〇〇〇年前、五〇〇年前は今と違った考え方などもいろいろあったんだと思うけれど、北海道一五〇年はアイヌにとっても時代の一区切りだと思う。やっぱり北海道にはもっともっと長いアイヌの歴史があったはずだ。

自分は平取町貫気別《ぬきべつ》で生まれ育ち、仕事の都合で厚真《あつま》に移り住んで今に至るが、ここで縁もあって厚真アイヌ協会の立ち上げに加わり、現在は会長を務めさせてもらっている。

厚真の人にもずいぶんよくしてもらい、アイヌ、和人と関係なくよいお付き合いをしながら暮らしている。厚真の遺跡で数百年前のアイヌの墓が発掘され、侍でも滅多に持てないような立派な刀も一緒に埋まっていたことがわかり、ここに暮らしていたアイヌはずいぶん裕福だったんだなと感慨深い思いをした。そういう足跡が残っている土地だった。

本を読むことは苦手だったが、アイヌのことを知りたくて仕事が終わってからできるだけ読むようになった。アイヌの言い伝えなどでも、地面の下に地震を引き起こすナマズがいて、地震が起こらないようにカムイノミをするという話もあった。同じような話は日本の昔話でもあるけれど、これが本当の話なのか証明する術がない。

そんななかでアイヌのルーツは何なのか？という疑問が常にあって、一緒に仕事をしている二風谷《にぶたに》の若いウタリとよくその話ばかりして盛り上がっている。他人が聞いたら「何でお前らはそんな話ばかりしてるんだ？」と言われるかもしれない。

それが今回の大地震でその小さな足跡も埋まってしまったし、自分も厚真町民も日常生活に戻るにはしばらく時間がかかるだろう。今は大変な状況だけど、北海道二〇〇年のときにウタリからダメ出しをされないように歯を食いしばって進んでいきたい。

読んでみて、学んだこと

貝澤幸希（平取町在住、三〇代、男性）

自分は二風谷という、周りにアイヌ文化が残る土地で生まれ育ちました。アイヌのことは身近にあって当たり前のことだと思っていながら、チプサンケ（舟おろしの儀式）などに参加する程度で、若い頃はそれほど積極的に関わることもありませんでした。

大人になってから少しずつ関心が出てきて、親戚である萱野茂さんが書いた本を読んでみたり、厚真町のアイヌの先輩ともいろいろと話すようになりました。

きっと現代ではなかなか理解されない考え方かもしれませんが、アイヌ民族の考え方にはいろんな道具や動物に神様がいると信じて、大事にしていたことがわかりました。自分の先祖はこんなに神様を敬い、心豊かな生活を送っていたのかと気付き、アイヌに関する本を楽しんで読んでいます。

北海道が命名されて一五〇年ということで命名者の松浦武四郎さんに注目が集まっていますが、実はそういうことも知らなかったし、今回のテレビや新聞で松浦武四郎さんがアイヌと一緒に歩いて北海道をまわったとわかったので、これから松浦武四郎さんの本なども読んで勉強したいと思っています。

北海道一五〇年に思うこと

萱野公裕（平取町二風谷）

西暦二〇一八年、平成三〇年の今年は北海道「命名」一五〇年らしい。僕は今三〇歳なので北海道「開拓」一〇〇年事業を知らない世代だ。五〇年前には開拓だった文言が、命名に変えられたのは、行政なり社会がほんの少し進歩したのだと信じたい。

今から五〇年前、二風谷では金田一京助氏の歌碑が建立された。碑文と石に刻まれた寄付者一覧が当時の状況を現代に伝えている。一番驚くべきは、今では悪名高い児玉作左衛門氏の名前もそこに刻まれていることだ。当時の評判や状況などはわからないが、ここからもこの五〇年での変化が感じられる。

これからの五〇年、何が私たちアイヌにとっての資産となりえるのか、今を生きるアイヌが未来を見据え行動することが重要だと心の底から思う。第一子の誕生を二か月後に控え、次の世代にアイヌの「資産」を引き継ぐ必要性をひしひしと感じている。

二〇一八年一〇月

より良い未来を願って

川上恵

私も一五〇年の歴史の、アイヌの声を聞きたいから、声をあげます。


私の家系はずっと前からこの地に住んでいるアイヌ民族の家系です。私も当然この北海道で生まれ育ちました。しかしながら、周りからすれば私の見た目は、いわば日本人らしくない。外人に間違えられる見た目です。北海道に来た、内地から来た方々に外人と呼ばれ、見た目が違うだけでそう言われるのです。

先祖は突然マイノリティになったのです。

なぜ、土地を奪われ、差別され、差別から逃げるため、北海道を出る必要があったのでしょうか。

なぜ、自分が受けた差別を子供にさせたくないと思ったメノコが、子供を産まないという選択をする必要があったのでしょうか。

なぜ、私が
『なにじんなのか』
知る必要ありますか

この言葉を講演のときの最初の話題にしてほしいと言ったアイヌがいます。

その人がなぜ、そう言ったのかというと、私のように外人に見られた経験のないアイヌだからです。そして同じアイヌとはくくれないほど境遇があまりにも違うから、そういったこと、そういうアイヌがいることも知ってもらうべきと、教えてくれたのです。

アイヌですらいろんなアイヌがいるのです。

そして北海道にはたくさんの人がいるのです。

この大きな北海道に、誰にどんな血が入っているかはとても小さなことで、関係ないと思います。

アイヌの伝承活動は、とても大切なことで、日本中、世界中の方々に知ってほしい、子供や孫の代まで伝えていってほしい。そうした活動の一方で、差別や偏見はなくなるでしょうか。

私は、なくなってほしい、その一心で、今も文化伝承活動を行っています。

私と同じ思いを未来の子にしてほしくないから。

時代は日に日に良くなっています。

この本が一つのきっかけになり、ますます良くなっていきますように。

過去に目を閉じる者に、未来はない

木村二三夫

イランカラプテ。

先人たちのことを思うと、想像力のない学者たちに腹が立ちます。旧帝国大学の学者たちは、アイヌの人権を蔑ろにして、アイヌ遺骨を盗掘し、違法な手段で持ち去った。アイヌの尊厳を踏みにじる行為を、これからも続けようとしている。先人の遺骨、尊厳、人権を盗まれたアイヌたちが、取り戻すためにエネルギーを使っている。このような状況が起きているのは、世界でも日本だけではないだろうか。国連宣言で、先住民の権利が尊重されているはずだが、日本は遵守しようとしていない。恥ずかしい限りである。

北海道一五〇年という時のなかで、強制移住、アイヌネノアンアイヌ――人として――、一日も早く解決しなければいけない遺骨問題について触れる。全道で、アイヌ遺骨返還の抗議、訴訟、返還が進んでいるにもかかわらず、さまよい続けているアイヌ遺骨が、DNA研究に使われた。日本の人類学者グループが、学術誌に発表したとして、今、抗議されている。遺骨が、大学などに留め置かれているさなか、再埋葬されたらおしまい、と言わんばかりに、DNAを抽出している。その行為は、人道から著しく逸脱している。

道徳はどこへ行ったのか。白老《しらおい》に、遺骨を集約し、尊厳ある慰霊施設と称し、過去の歴史に蓋をして、今後もアイヌ遺骨を研究するという魂胆が透けて見える。先人たちの遺骨を取り戻すことは、今を生きるアイヌの人権・尊厳を取り戻すことである。この問題を解決しなければ、未来永劫、偏見を引きずることになる。今こそ、遺骨問題に毅然とした態度を示すことが、解決へと導くことになる。

この問題はアイヌだけの問題ではない。アイヌも同じ人間。持ち去られた遺骨は、北海道より重いものではないだろうか。我が身に置き換えて、アイヌ、日本人ではなく、アイヌネノアンアイヌ、人として取り組まなければいけない。国連宣言第一二条にも、遺骨問題について書かれている。

強制移住について話したい。深く考えるきっかけは、一つの嘆願書だった。ある日、新冠《にいかっぷ》、姉去《あねさる》に立ち寄り、アイヌ土人学校の碑を見つけ、茫然と立ち尽くしているときに、カンナカムイ(雷)が落ちたかのようなショックで帰宅した。あれは偶然なのか、先人たちエカシ・フチたちからの、「この問題に取り組まなければならない」というお告げだったのか。帰宅すると、嘆願書が郵便受けに入っていた。これがきっかけだった。

今年の八月、天皇が利尻島《りしり》を訪れた。その地に関する、利尻町史にも書かれていない歴史が語り継がれている。利尻島では、先住である何百人ものアイヌが殺され、海が真っ赤になったといわれる。アイヌに文字があったら、想像を絶する恐ろしい光景が書き残されていたでしょう。強制移住で、どれほどアイヌが悲惨な目にあったのか。私は、宮内省が関わった強制移住地新冠、姉去の地で消息を絶った人間の子孫である。私たちのアイヌモシリでは、二〇か所以上の強制移住地がある。とりわけ、樺太《からふと》から一旦宗谷《そうや》へ、そして対雁《ついしかり》へたらいまわしされた人々がいる。一九一六年、大正五年、御料牧場のために、新冠、姉去から、未開の地、上貫気別《かみぬきべつ》へ、犬や猫でも追い払うかのように、三〇〇人が強制移住させられた。アイヌは過酷な運命を生きた。この問題は、アイヌだけの問題ではない。このような過去の歴史の事実に、想像力をもって目を向けてほしい。アイヌ新法、アイヌ施策について、国民は等しくみな平等であると官房長官が答えていた。しかし、アイヌの過去を振り返って、本当に平等であるのだろうか。

シサムとは、よき隣人として、共存・共栄を目指す相手である。そして、私は、同じフレーズを繰り返してきた。「過去に目を閉じる者に、未来はない」。これは、アイヌだけの問題ではない。御料牧場のために、エドウィン・ダンの提言で、ホロケウカムイ(エゾオオカミ)を、牧場の妨げになると、毒殺で全滅させた。アイスランドの交響楽団を率いる世界的なピアニスト、アシュケナージ氏は、「私たちは、自然なしでいきていけない動物。私たちは、自然の一部である」と言う。生態系のバランスを崩し、欲望から山々の木々を伐採、環境を破壊、地球の温度がこれから上がる。温暖化の異常気象によって、さまざまな災害がもたらされる。

政治家、国民は、人として、真意が不確かな情報が氾濫する今こそ、歴史や民族について読み解く能力が求められている。マイノリティに関する文学を読むなど、複数のチャンネルを活用して、世界に恥ずかしくない行動をとってもらいたい。

土から生まれて土へ還る

葛野次雄

二〇一八年九月二〇日、シャクシャイン像が壊された。
この像は、一九六〇年代に、像を建てようと、アイヌから資金を集め、一九七〇年に建てられたものだった。集めた資金は、何千万かになった。当時は、旧土人保護法をやめて、新法をつくろうとアイヌが燃えていたときだった。たくさんのアイヌたちが、アイヌに権利を、と叫んでいた。

土から生まれて土へ還る
すべての神がなければ、人間は生きられない
自然界は神様だ、人間は神ではない
自然界によって生かされている
自然界の恩恵により生かされている

アイヌの土地が、北海道となり、山に行って木をとる、川に行って魚をとる、海に行って昆布をとる、といったアイヌにとっての生活ができなくなった。同化政策により、生活が壊された。中学を出たかどうかのときに、親父から、「なぜ蝦夷地が北海道になったのか」について役場に聞きに

いけと言われた。ここ数年は、法務局に行って、「なぜ蝦夷地が北海道になったか」と聞いているが、「わからない」と言われる。どうやってこの地が北海道と命名されたのかを聞きたいのではなく、なぜ、アイヌが暮らしていたこの地が、「北海道」とならなくてはいけなかったのか、なぜ、自分たちの暮らしは壊されなくてはいけなかったのか、そのことを聞きたい。先日、三石《みついし》で、内閣官房の参事官が来たので、なぜ、北海道と改名する必要があったんですかと聞くと、「六つの中から決めた」との回答だった。そうではなく、「なぜ蝦夷地が北海道にならなければいけなかった」のか。

あれから、一五〇年、されど一五〇年。

行政の人間は、難しい漢字やカタカナを使った言い方をしてくる。しかし、自分が知りたいのは、北海道は売ったか、買ったか、とられたのか。そのことについて、どのように認識されているのかだ。せっかく萱野裁判で、アイヌは先住民となった。しかし、先住民としての権利はどこにあるのか。先住民であるアイヌ民族とは何なのか。民族としての権利、生き様、土地。

明治になり藩が入ってきて、寺をつくった。アイヌの人に間違った教えをした。アイヌにとっての信仰は、寺の宗教とは違う。自分の親父は、「山に行って木をとる、立木にする、川へ行って魚やあきあじ、海へ行って昆布をとる権利をもらえば、金なんかいらない」と言っていた。

しょっぱい川の向こうは、アイヌの問題がわからない。戦前戦後、中国から台湾まで日本の植民地だった。台湾には一六の民族がいて、それぞれの文化と土地がある。なぜ、北海道はそうならなかったか。アイヌにも和人にも、土地とお金を平等に分けたのか、合点いかない。なぜ、アイヌに福祉予算が与えられるのか。戦後補償だべ、というと、開拓補償だべ、といったら、そういうもんですかね。高校も行かせられない、そういう状況をつくったのは誰なのか。二〇二〇年のオリンピック、象徴空間、アイヌ新法、日本国は先住民に対して手厚くやっているというスタンスで二年後に幕引きになるのではないか。もう少し、国民にわかりやすく、なぜ北海道になったのか説明してほしい。全国でもっとアイヌのニュースを取り上げてほしい。

北海道一五〇年

郷右近富貴子（阿寒湖アイヌコタン、四二歳）

二〇一八年は北海道命名一五〇年なのだそうで、道内各地でさまざまな催しが行われている。「北海道一五〇年」と聞いて、道民はどんなことを思うのだろうか。

私が北海道一五〇年と聞いて、真っ先に思うのはやはり先祖のことだった。

そして一五〇年前はどんな暮らしだったのだろうとその時代に思い馳せてみるととても辛く厳しく、悲しい時代であったのだろうと胸が苦しくなってしまう。でも、そんな辛く厳しい時代のなかにあっても、アイヌ文化は滅びることなく今に受け継がれている。そのことに心から感謝の気持ちでいっぱいになる。

時代とともに、アイヌ文化も多様に変わりゆくなかで、一五〇年前のアイヌウタリが今の私たちに伝えたいことがあるとするなら、それはどんなことなんだろう。

喜んでくれるだろうか。悲しんでしまうのだろうか。

五〇年後は、北海道二〇〇年。

大切に思う先輩たちはもうこの世にはいないだろうし、私ももうこの世にはいないだろう。そのときのアイヌウタリはどんなだろうか。そんなことを思うと、今を生きているフチやエカシにもっといろんなお話を聞きたくなるし、そしてそんな話の一つでも、子供たちに託してゆきたい。

辛い時代にも屈しなかったアイヌの心を、優しく温かくて、とても豊かなアイヌ文化を何年先へも繋いでゆけたらと心から願う。

「今」を生きるアイヌが「未来」を見据えて

酒井学（帯広市、四〇代）、酒井真理（帯広市、三〇代）

Q　北海道一五〇年ですが個人的に思うことなどありますか？

酒井学　北海道一五〇年というけれど特に意識したことなかったな。

酒井真理　私も。

学　今になってアイヌを持ち上げるのもどうかなと思うけど、多くの人に知ってもらうことはいいことだし、複雑な気持ちではあるんですよ。親の世代では酷い差別を受けてきたことはあるけれど、今はまったくないわけではないが昔と比べて差別意識も和らいでいるかと思う。でも今になってアイヌにスポットライトを当てて昔のことはなかったことにして進むということであれば納得いかないわ。

真理　それと和人が何かアイヌのことをやろうとしたら出しゃばるなとか、文様を使うな、踊りを踊るなと言うのはどうかなあと思う。こちらへ歩み寄って来た人に対しては、自分は一緒にやってくれてありがとう、広めてくれてありがとうという気持ちで接したい。

学　俺も和人がアイヌのことをやるのは賛成。こちらがシャットアウトしていると共存の道が断たれてしまうのではないかと心配しちゃうもん。

真理　北海道一五〇年でみんなが盛り上がっている状況に一緒に乗っかった方がもっと多くの人に

アイヌのことを知らせることができると思う。

学　先輩が言っていたけれど、和人がアイヌのことに初めて触れる際に、大体の人が可哀想とか差別されたというマイナスのイメージから入ってくるのだけど、これからはアイヌの素晴らしい部分を発信して良いイメージから入ってもらうべきだと。

真理　アイヌ民族がリスペクトされると、アイヌも自信を持つし積極的に自分の文化を身に付けていくよね。やっぱり子供も中学生くらいになると踊りの練習とか来なくなっちゃう子も多いし、これから子供たちにとっても良い環境をつくっていかなきゃいけないなと思いますね。

学　一五〇年目の今年（二〇一八年）が過ぎたらおしまいじゃなくて、二〇〇年、三〇〇年まで継続して同じ気持ちで続けてくれると、昔、先人たちが受けた差別や偏見をなかったことにするのではなくて、それを踏まえた上で尊重してくれたら報われるのだと思います。

先住のアイヌ無視して開拓す北海道史百五十年

清水裕二（江別市）

『北海道一五〇年』とは？

御承知のように今年（二〇一八年）度は、北海道という地名を和人サイドに命名されて一五〇年目という。しかし、アイヌの立場からは喜ばしい節目の年とはまったく思えない。

が、北海道アイヌ協会までも参加して「祝賀記念式典」まで開催した。

こんな不条理な世相に怒りすら感ずるのは、アイヌの年寄りのヒガミだろうか。

この一五〇年間先輩たちアイヌは、いかほど我慢し続けたのだろうか。

生活権はもちろん、言葉をも奪われ文化権も否定されて、悲惨な一五〇年であったと、後世に残るアイヌ諸君よしっかりこころに刻んでほしい。

今日の繁栄は、先輩アイヌたちの犠牲の上に成り立っていることを肝に命じて社会活動に精進してほしいと願うばかりである。

北海道一五〇年に思うこと

床みどり(阿寒湖温泉、六六歳)

私の子供の頃、まだ刺青をしたアイヌのフチたちがたくさん周りに住んでいて、アイヌ語が遠巻きに聞こえていた時代でした。もちろんアイヌという言葉は知っていて、その人たちは皆、優しくて貧しかった。私はアイヌの年寄りの家に行くのが好きだった。頭を撫でてくれ、火の神に何やらお祈りしてくれて、そういうときは何かに守られているような安心感みたいなのがあった。私の祖母(ババ)も刺青をしていた。ババは物語が好きで隣の村から友達が訪ねてきて二人で頭を付けて喜んだり悲しんだり、それは楽しそうに話していた。面白そうなので近くに行くとお前は聞いては駄目だと叱られて、しまいには自分の部屋に籠り何時間でも語り合っていた。私も聞いてみたくて壁に耳を付けて聞いても何もわからず淋しい思いだった。ババはいつも、お前たちはアイヌ語聞いては駄目だと私たちの前で話さないように気をつけていた。

今思うと本当に残念だ。アイヌ語が禁止されてなかったらもっとわかっていたのに……。その頃は、アイヌ、和人、朝鮮の人といろいろ住んでいた。和人はずる賢くアイヌをだまして土地を交換していたり安く上手く利用していた。朝鮮の人たちは仲間との絆が強いらしくよく集まったりしていた。そのなかでアイヌはお人好しで騙されても根に持たず利用されていた。

昔は俗にルンペンとかいう流れてくる人が多くいて「今晩泊めてください」と訪ねて来ると、そういう人らを可哀想に思ってか、何か食べたのかいと言って泊めていた。なかには家の物を黙って持っていく人もいたりして、どうしてそういう人泊めるのと聞くと、旅の話や為になる話が聞けるからと言っていた。後で聞いたことだけど困ったらアイヌの家に行くと泊めてくれるということらしい、それでよく来てたのかと納得した。

一五〇年という年月はアイヌにとっては苦難の日々だったのではないだろうか。言葉を失い今は研究者たちのものとなりつつあるなかで大切な心も失ってしまったのではないだろうか。これから先、今、少しずつ取り戻そうとする動きはあるけれど大自然の中で空気のようにそっと寄り添い木々揺らす風のように、海のうねりのように心の底から神を敬い自然と共に生きることはできるだろうか。もうすでに心は現代に毒されていて、昔の優しいアイヌには戻れないのだろう。私もせめて見たり聞いたり経験したことを懐かしいフチやエカシの話を伝えることができたら、子供の頃に優しくしてもらった恩返しができると思っています。

真の歴史

戸塚美波子

今年二〇一八年は、北海道命名一五〇年と。五〇年前の一九六八年は開道百年。百年記念塔が建てられ、まさに〝祭り〟でした。当時二〇歳の私は、両親ともにアイヌ。釧路《くしろ》の町で「あっ、いぬがきた」と指さされ、小中学校では「あいぬ」と言われ、人種差別を受けながら育った私は、開道百年の行事に悔しく悲しい思いでいっぱいでした。

エゾを北海道と名付けた松浦武四郎が、北海道中で取り上げられていますが、その内容に、私はアイヌとして不信に思います。武四郎は、ただ単にエゾ地を歩いたわけではなく、行く先々で目にし、耳にした和人による、アイヌへのひどい仕打ち。その結果、失われたたくさんのアイヌの命を書き記しているのです。

それと、近年、アイヌの文化がもてはやされていますが、アイヌは文化民族なのでしょうか？アイヌを名乗る人、アイヌを名乗れない人、アイヌでない人たちに、アイヌの真の歴史を考えてほしく思います。

ひとりとなるも

土橋芳美（平取出身、札幌在住、七二歳、女性）

紅葉を見ようと、車で洞爺《とうや》湖に行く途中、有珠《うす》に寄ることにした。

バチラー八重子のお墓に参りたいと、長いこと思っていながら行ってなかったからだ。

若き日に八重子の歌集『若きウタリに』という本に出会って、ほんの少し明るむような感じがしたのを覚えている。

お墓を探す前に「バチラー夫妻記念堂」に行く。一九三七（昭和一二）年に建てられたものだ。それから三年後にバチラーは追われるように日本を去っている。

石造りのがっしりとした洋館は、瀟洒で庭も美しく整えられていた。

驚いたのはその会堂の入り口に、どんと置かれた八重子の歌碑の大きさだ。二メートル四方はあろうかという自然石に三首の短歌が刻まれている。

海もよし　山もうつくし　人もよし
ほんに住みよき　有珠コタンかな

一八八四（明治一七）年に有珠コタンに生まれた八重子にとって、いつまでが「ほんに住みよき」

であったろうか。

八重子は私の祖父母の年代の人で、アイヌ語を母語として育った世代だ。八重子は一〇歳ぐらいの記憶として和人の子供たちに囃し立てられ、石を投げられ、逃げまわったと書いている。

札幌にバチラーが建てた「アイヌガールズホーム」に入ったのは一五歳。二二歳でバチラー夫妻の養女となっているから、若き日に有珠にはそんなに長く住んでいない。

バチラーと共にアイヌへのキリスト教の伝道と救済に北海道中を駆け回るなかで、当時のアイヌの悲惨さを目にして八重子は苦悩する。その思いが『若きウタリに』となって出版された。

有珠駅から、そう遠くないところに墓地はあった。小高い丘の上に八重子の大きな墓が建っている。高さ三メートルはあろうかという、やはり自然石である。

八重子がこれほど大きな墓を望んだとは思えない。だとすると墓や歌碑を建てようとした人々の意思だと思われる。八重子への想いの深さだろうか。

眼を閉じ、手を合わせると八重子の声が聞こえてくる。

ふみにじられ　ふみひしがれし　ウタリの名
誰しか　これを　取り返すべき

亡びゆき　一人となるも　ウタリ子よ

こころ落とさで　生きて戦へ

この二首はあまりに鮮烈だ。一人になるかもしれないという恐れとともに、それでも生きて在れ、という同族への呼びかけに圧倒される。

八重子の生きた頃から、多少事情は変わったが「アイヌ」と名乗ることでの息苦しさは今もある。黙して語らないアイヌが多いためか、人口調査ではいつまでたっても明治時代と変わらない、一万数千人としか出てこない。

私も長い沈黙の末に、語り出さねばならぬ状況に追い込まれたが、八重子の言う

一人となるも　心落とさで

生きて戦えるか自信がない。

八重子の墓の向こうに有珠岳が赤く染まっていた。

樺太アイヌ（エンチゥ）として生きる

楢木貴美子

二〇一八年一〇月一二日に、札幌ピリカコタン（アイヌ文化交流センター）で、ポーランドの劇団アマレアと、アイヌ女性の舞踏劇があり、私も出させて頂きました。それに先立ち、一八七六（明治九）年に樺太アイヌが対雁（現在の江別《えべつ》）に強制移住をさせられ、その後、この地にて疫病が蔓延し四〇〇名近くの尊い命が犠牲になった場所へ、ポーランドの方々を案内させて頂きました。当時樺太アイヌが住んでいた場所の約半分は、現在、石狩川の川底で、後の半分は、河川敷になっている場所を見て頂きました。

今となっては、あたりには、樺太アイヌが住んでいた形跡すらまったくありません。

一方で、この地に樺太アイヌを導いた榎本武揚公使が、馬に跨り高い台座の上に鎮座している、榎本公園が、すぐ近くにあります。私の説明を聞き、連れて来た者と、連れられて来た者の雲泥の差を目の当たりに見て、ポーランドの方々と、通訳者の方々は、皆さん涙ながらに聞いて下さりました。その後、樺太アイヌのお墓を案内させて頂き、当時の状況を説明させて頂きました。その墓石に樺太移住旧土人先祖之墓と書かれているのにも驚いていたようです。

このポーランドの方々は、ブロニスラフ・ピウスツキーが、樺太アイヌ女性と結婚し二児をもうけた経緯があり、奥様であったチェフサンマの叔父に当たる、バフンケの遺骨が北大納骨堂にあったこと等から、私たち樺太アイヌにとても関心を持っていたようです。

私たち、樺太アイヌは自称エンチゥと言っています。アイヌと同様人間という意味です。一九三三(昭和八)年に、同化政策により、それまで樺太土人と呼ばれていた樺太アイヌは日本人になりました。まだ八七年しか経っていません。終戦のときは、すでに日本人になってましたので、移住を余儀なくされ故郷を捨てざるを得なかったのです。命からがら、ある者は引き揚げ船で、また、ある者は、海がしけで荒れる暗闇の中漁船に乗って、逃げてくることもありました。現に私の親戚もそうでした。

このような過酷な体験を歩んできた、樺太アイヌの歴史が、日本の歴史上から消されていることが、とても悲しい……。戦後、樺太から引き揚げてきた方々が宗谷管内、豊富《とよとみ》町稚咲内《わかさかない》(昭和二四年)に開拓部落をつくって住むことになり、私もそこで育ちました。九人兄弟の末っ子だった私は、よく口減らしのため、よそ様に預けられました。

昭和二九年頃まで鰊が獲れましたが、その後はまったく獲れなくなり、生活できず、三五年頃に小樽に移住しました。父親が早くに亡くなっていたため、母は大変な苦労をして私たちを育ててくれました。

私も母の仕事を手伝ったりして、義務教育も満足に行ってませんでした。五五歳のときに、初めてアイヌの機動訓練（刺繡）を受け、刺繡を覚えました。その他、アイヌの歴史文化等は独学で学び、七〇歳になりました。今は、各方面で講演、料理、アイヌの歴史ツアー等をさせて頂いて現在に至っております。

二〇一八年一〇月一二日の舞踏会で、私はヤイサマを歌わせて頂きました。アイヌの男性が、場所と呼ばれた石狩の漁場に無理やりお雇いといって連れて行かれ、残された奥様が悔しい思いを即興歌で歌った詩が残されているのを、私が節回しを付けて歌わせて頂きました。

樺太アイヌの史実を、多くの人々に知ってもらえると、嬉しいです。

北海道一五〇年記念に思うこと

橋本隆行

三年前からある理由で自分の家系一五〇年の歴史を調べていたところであった。そのことから、母方の祖母側の一五〇年について書こうと思う。

はじめに、母や親戚連中から話を聞いてみた。祖父母のことは覚えているが、曾祖父母の世代については驚くほどに誰も何も知らなかった。

名前もわからない、どこに住んでいたか、いつ死んだのかもわからない。母の世代にとってみれば、ばあちゃんとじいちゃんのことであるのに、見たことも聞いたこともないのである。

俺のばあちゃんは高校二年生の頃に亡くなった。ばあちゃん子というわけではないが、大好きな祖母であった。そんな感情を母の世代の人たちは抱くことはなかったのだろうか。母と同じ感情を共有できないことに複雑な想いを抱きつつもそのかわりに、それがなぜなのか、調べる意欲と行動力を得た。

それから、役場から除籍簿を取りよせ、古い文書を漁り、松浦武四郎の本を含めさまざまな本を読み、一五〇年間の家系図をつくった。

今のところ曾祖父母のことはまだ多くがわからないままであるが、彼らの周辺のことはわかってきた。それは、一言でいうならば「新冠御料牧場上貫気別強制移住」である。この「強制移住」がまさに曾祖父母の世代が体験したことである。「強制移住」を暴き告発することが目的ではないが、一五〇年を語る上でこのときに起きた不幸や苦労は避けて通れないものである。

六世代前までさかのぼる江戸末期、新冠と門別《もんべつ》の境にある厚別《あつべつ》川流域にご先祖様は住んでいた。明治時代に入り、徐々に東側へ移住していき、明治末期には泊津《はくつ》や姉去に住んでいたと思われる。大正時代に入ると先に述べた上貫気別へ「強制移住」させられる。

上貫気別に移住した後は、ご先祖様の一人が集落のリーダーとしての役割を担い、畑を耕し大きなマサ家（柾家《マサ》）を建て、人を何人も雇い立派に暮らしていたことがさまざまな資料や記録から、そして今生きている、過去を知る人たちの聞き取りからわかった。

しかし同時に、生まれる子供は栄養不足から早く死に、子供ができないため養子をとるが、その子もガンに侵され長生きはできず、上貫気別の暮らしは想像もできないような不幸と苦労の連続であった。

俺のばあちゃんは、過去のこのような出来事を知っていたはずである。しかし、子供たちには何も教えなかった。想像の域を出ないが、きっとばあちゃんはこの記憶を伝えず分断することによって、これからの世代に希望を持って幸せに生きてほしい、と願っていたのだと思う。

しかし、どのような不幸や苦労があって、記憶を分断したとしても彼らは間違いなく生きていた。そして彼らが生きていたから、祖母が生き、母が生き、そして俺が生きている。俺の家系の一五〇年を総括するならば、そういう答えになる。

人間は、無意識のうちに今現在だけを切り取って考える傾向があると思う。アイヌのことに限らず、社会を取り巻くさまざまな問題や課題は、今この瞬間に始まるわけではない。過去から連綿と続く原因の積み重ねによって今、具現化するものである。差別や格差の問題を考えるとわかりやすい。これらに対して何らかの手当てや補償をしようとすると、マジョリティ側は決まって「不平等だ」と反対をする。何世代も前から起きていることの積み重ねに対して対策をするのに、今だけを切り取って不平等をいう。こんな状況に辟易するが、残念ながら我々はこのような思考をするクセを持つ生き物なのである。

ネガティブなことばかり述べるが、改めて北海道命名一五〇年を考えたい。我々が今生きているのは、今始まったことでなく、果てしない過去からずっと続いている人類の生の結果である。それは期間を一五〇年に限っても変わらない。北海道命名一五〇年を記念する理由を考えるならば、今生きている我々がこの一五〇年間の人たちの生のおかげで成り立っている。このひとつだけであると思う。各々が自身の先祖について、どれだけの苦労があったかを想像し、今生きていることを彼らに感謝し、静かにお祝いすることが正しいのではないかと思う。

少なくとも俺にとっての一五〇年はそのように考える。できれば、他の人たちも同じであってほしい。

二つの節目

八谷麻衣

今年（二〇一八年）は騒がしい年だった。

「北海道命名一五〇年記念」。あちこちでイベントが行われていた。

札幌のとある場所ではスティービー・ワンダーの曲に合わせて「北海道誕生おめでとう！」と歌われていた。誕生おめでとう？　それはどういう意味だろう。

ここ北海道は一五〇年前にオギャーと生まれたのだろうか。

今年は明治元（一八六八）年から満一五〇年の年。内閣官房がつくっている明治一五〇年ポータルサイトには、「政府では、「明治一五〇年」を迎える平成三〇年（二〇一八年）を節目として、改めて明治期を振り返り、将来につなげていくために、地方公共団体や民間企業とも一緒になって様々な取組をしています。」と書かれている。

そして、北海道一五〇年事業実行委員会事務局がつくっている北海道一五〇年事業公式サイトには、「本道が「北海道」と命名されてから一五〇年目となる二〇一八（平成三〇）年を節目と捉え、積み重ねてきた歴史や先人の偉業を振り返り、感謝し、道民・企業・団体などと一体となってマイルストーン（節目の年）として祝うとともに、未来を展望しながら、互いを認め合う共生の社会を目指して、次の五〇年に向けた北海道づくりに継承していきます。」と書かれている。

どちらも一五〇年を節目の年として考えているようである。

なぜ北海道命名の方が、満一五〇年ではなく一五〇年目に行われているのかを少し疑問に思い、道庁へ電話で尋ねたところ、「開道五〇年のときに五〇年目に行われていたので、それに合わせている。当時なぜ五〇年目になったのかは資料が残っていないのでわからない。今回の一五〇年記念事業は内閣官房が明治一五〇年記念のイベントを立ち上げる前から始まっているものなので、こちらの方が先です。」との回答を受けた。

別に一五〇年目にやるのが悪いとは思わないが、どうして満一五〇年の年にやらないのだろうかという疑問が残る。どっちが先とか関係ない。開道五〇年のときに明治五〇年と合わせたのだろうか、と勘繰ってしまう。まぁ、これはただのイチャモンレベルのものになるが。ただ、実感としてこのような些細なズレで国や道、そしてアイヌがすれ違っているような気持ちになってしまった。私だけかもしれないが。

一五〇年目、これは北海道が日本という国の体制下に置かれて一五〇年目ということだ。開道が命名と名前を変えたところでそれは変わらない事実だ。

この一五〇年でアイヌの文化や伝統は何もかも変わってしまった。失われてしまったものもある。復興活動が行われたところで、戻らないものもある。お祝いどころではない。

ハッピーバースデーと祝われているこの北海道は、お祝いムードで一五〇年目を終える。それで本当にいいのだろうか。一五〇年記念事業の中でカムイノミも行い、歌や踊りも披露していたが、それだけでよかったのだろうか。

一四九歳なのに、一五〇年を祝われた北海道。その道の先には何があるのか。

共に生きる

本木知也（厚真町在住、四〇代、男性）

イランカラプテー。

私は自然が大好きな四〇歳男、アイヌと和人のハイブリッドです。山で木を伐ることを生業としています。

趣味は広く浅くサーフィン、スノーボード、登山、キャンプ、マウンテンバイク、狩猟、山菜採り、ヨガ等、自然の中に身を置いて遊ぶことが好きです。休みの日でも山に入ると人生得した気分になります。

林業をやっていて特に楽しいと思うことは、北海道の自然の恩恵を直に受けられることです。山では春から秋にかけて山菜や果実がたくさん採れますし、冬は樹氷やダイヤモンドダスト、空を舞う鷲や渡り鳥たちに心を奪われて、冬の厳しい山仕事も大した問題ではなくなります。

自然の中に身を置いてみると、ただ遠くからぼんやり見てきた自然とは違う、自然の中にある不自然さを見つけられるようになります。

山奥を歩いていると、たまに巨大な木の伐根や倒木を見かけることがあります。一五〇年前、開拓以前はこんな木々が北海道の大地を覆っていただろうなと当時の風景に想いを馳せます。今ではそんな木はまず生えてないし生えてるような場所は観光地になったりしています。

昔の山には銘木と呼ばれる太い木がたくさんあったそうで、僕らが現在使っているチェーンソーの一八～二〇インチのバーでは全く歯が立たない太い木が昭和にはまだたくさんあったそうです。昔の山子さんから聞きました。

仕事に誇りを持っています。木は人間の暮らしに必要不可欠なもの。だけど僕らが木を伐り山が削られ、僕らが食べる農作物をつくるため、川には農薬が流れ川が死に、魚がいなくなり海では沖まで出ないと魚も獲れなくなりました。サーフィンしている最中も工場の排水が鼻につく。

一五〇〇年前開拓と言って木を伐り畑を耕し道を引いた我々の祖先。蝦夷狼はとうの昔に絶滅して神話でしか知り得ない。

昔から北海道で共に暮らしてきたヒグマでさえも最近減少傾向にあるらしい。知床以外ではほとんどのヒグマは海を見ることもなく一生を終える。ヒグマのオスは近親交配にならないよう危険を冒して数百キロの旅に出る。遠くの山へ行くためには人間に関わりたくなくても道路を横切らないといけない。ヒグマが里に現れるたびにニュースでは大騒ぎ。無知な山菜採りが用心もせずに山に入りヒグマに襲われる。

市民の怒りや恐怖の矛先は襲ったヒグマだけではなく北海道のヒグマ全体にまで及ぶ。テレビではヒグマの危険性だけが強調され、市民と自然愛好家とハンターが三つ巴戦を繰り広げる。

これがアイヌが山の神と崇めてきたと言われるキムンカムイの現在。ありがたく肉を頂いていた昔と違い今はただ忌み嫌われ殺される。ネットでは匿名をいいことに絶滅させるべきだという意見まで飛び交う。自動車事故で殺される人間の数の方がとてつもなく多いのに。

山の神がこのアイヌモシリから消えてしまう日も遠い未来の話ではないかもしれない。ヒグマが消えた北海道など自分は正直魅力を感じない。神のいなくなった地に形式だけの文化を残したところでそれが一体なんになるんだろう?

今明らかに地球が怒っている。

神がエゴやカルマに満ちた人間界を一掃しようとしているのを感じる。

度重なる自然災害や異常気象などは自然をコントロールできると勘違いしている身勝手な人間の思い上がりのツケではないでしょうか。

昔ながらの生活様式にみんなが戻ることによって地球全体のバランスが保たれるだろうと思うのは私だけではないはず。

世界の人々はつい一～二世紀前までは電気や石油製品がなくても自然の恩恵と工夫で生きてきた。我々アイヌの祖先もフリースやゴアテックスがなくても樹皮で着物をつくり鮭の皮で靴をつくり囲炉裏を囲んで寒い大地を生きてきた。

一五〇年前に和人が北海道に来てアイヌと戦争がありアイヌの生活様式がガラッと変わったそうだ。

例えば現在、和人との戦争もなかったとして、今も昔ながらのアイヌの生活だったらと仮説を立ててみても何の意味もない。

私は生粋のアイヌ育ちではありませんし当時のことは知りません。アイヌ語を全然話せないしアイヌ文化とは程遠い便利な現代文明にどっぷり浸かった普通の生活を送ってきました。

私は生まれたときから日本人だったしアイヌでもあり、ある意味「民族共生」の象徴といえる。

世界のさまざまな民族、文化が違えど肌の色が違えどお互いを尊重し共に生きていけたなら、野生動物も同じ地球に住む仲間だと思えたなら、プラスチックで汚れた海が綺麗になったなら、これから一五〇年後の地球、そして北海道はどうなっているのだろうか。

駄文ですが最後まで読んでいただきありがとうございました。イヤイライケレー。

北海道命名一五〇年に物申す

八重樫志仁

北海道命名とは、大きなカラクリがある。北海道命名以前、和人はこの地を、蝦夷地と呼んでいた。かつてヤウンモシリ(北海道のアイヌ名)は、和人地と蝦夷地に分かれていた。和人地は現在のヤウンモシリのごく一部であり、残り大半は蝦夷地であった。

和人は我々アイヌをかつて蝦夷と呼び、異人、和人とは明らかに異なる存在、現代でいう異民族という認識を持っていた。異民族の住む蝦夷地も、当然異国と考えてきた。それがロシアの南下に伴い、蝦夷を土人と言い換えたのである。

土人、つまり土着の人、という意味である。ロシアの南下に蝦夷地をロシアにとられると考えた和人は、蝦夷地を我が物にしようと企んだ。そこで慌てて、国境制定の根拠を捏造したのである。

蝦夷は我が国土着の人民なのだから、蝦夷の住むこの地は日本の領土である、という理屈である。そのためにはいつまでも蝦夷地ではうまくないので、北海道と言い換えたのである。それが北海道命名の、カラクリである。

男は商い場で過酷な労働を課され、女は和人の性奴隷にされた。コタンは、老人と子供ばかりになった。和人の持ち込んだ病気で、多くの死者を出した。アイヌ人は家畜のごとくこき使われ、松浦武四郎氏に、このままではアイヌは絶滅してしまうとまで言わしめたのである。そこに明治政府になり、同化政策が加わった。

北海道一五〇年の歴史とは、同化政策との戦いの一五〇年である。我々アイヌ人は国家権力という強大な敵と、一五〇年間戦ってきた。そして政府は、アイヌを先住民族と認めた。むしろ二〇〇八年を民族の勝利宣言の年とし、勝利一〇周年記念事業をやるべきた。

我々アイヌ民族は、少数民族ではない。先住民族である。先住民族とは、侵略された歴史を持つ民族ということである。日本政府は我々を、先住民族と遂に認めた。つまり、侵略の事実を認めたということである。

北海道とは実は和人による言い換えで、実際はこの地は植民地である。植民地であることを隠すために、北海道と言い換えているのである。それが北海道命名の、真実である。

札幌の街並みを見て、どこかに似ていると思ったことはないだろうか。ニューヨークである。ニューヨークも札幌のように、碁盤の目のように道路がつくられている。

アメリカはご存知のとおり、植民地国家である。白人は先住民族がいたにもかかわらず未開の地として木々を切り倒し、山々を削り崩して自然を破壊してきた。そして直線的に、碁盤の目の街並みをつくったのである。その手法を真似てつくられたのが、札幌の街並みである。だから札幌とニューヨークは、とてもよく似ているのだ。

八月五日に行われた北海道命名一五〇年記念式典では、和人がアイヌの着物を着て、トンコリを弾いたそうだ。なぜこんなことが起こるのか。政府はアイヌを、先住民族と認めた。しかし人々の意識では、いまだにアイヌを民族とは認めていないのだ。アイヌ文化を民族文化とはみなさず、日本の一地方文化としか捉えていないのだ。アイヌ民族を、和人の一部と貶めているのだ。だから、こんなでたらめが起こるのだと思う。

一〇月二〇日、朝日新聞の「be」という別刷の「みちものがたり」というコーナーに、九月二二日に行われた記念式典で、会津松平家一四代当主が語った言葉が載っていた。彼は「明治維新一五〇年ということで安倍首相も大変盛り上がっておられましたけれど、私は明治維新には義がなかったと思っておりますし、ああいう形でなければ日本の近代化が成し遂げられなかったのかといえば、そうではないのではないかと思っています」と語った。官軍と賊軍、立場が変われば評価も変わってくる。だがしかし、この国では異論は認められない。

アイヌ民族はかつて、戦う民族であった。だが今はまるで、飼いならされたペットのよう。アイヌの敵は、ウタリーではない。アウタリと、戦ってはならぬ。アイヌの敵は、日本である。アイヌは一五〇年かけて、同化政策との戦いに勝利した。これから一五〇年かけて、次の戦いに勝利しよう。我らは、まつろわぬ民族の末裔ぞ。誇りを売り渡してはならぬ。

アイヌはこれ以上、和人に騙されてはならぬ。アイヌはこれから、賢くならねばならぬ。アイヌはこれから勉強して、真の民族史を知らねばならぬ。そして民族自立のための、権利を勝ち取らねばならぬ。

戦え、ウタリーよ。ウタリーよ戦え。我らは一人ではない。世界中の先住民族が、我らの味方。

我らは、決して滅びぬ。一〇〇年、二〇〇年かけて戦う。そういう戦いができるのが、民族である。

戦え、ウタリーよ。

二〇一八年一〇月二〇日

若きウタリに

山本栄子（阿寒湖温泉、七三歳）

私は昭和二〇年に十勝《とかち》の本別《ほんべつ》町で生まれました。

家が農家なので食べ物には不自由なく幸せな家庭で育ちましたが、小学校に入学した日から「アイヌ、アイヌ」といじめられる日が始まりました。

家に帰って祖母に訴えると「お前はアイヌなんだからアイヌと言われたら「はい」と言いなさい。いじめられたら大きな声で泣きなさい」と言われ、学校に行きたくないと言うと棒を持って追いかけられ、泣きながら学校へ行きました。


当時は「アイヌは滅びゆく民族」と言われ、小さな子供が大人に向かって「アイヌ、アイヌ」と言う時代でした。

アイヌという民族名は悪口でしかなかったのです。

一八歳のとき、テレビでバチェラー八重子さんを知り
「ふみにじられ　ふみひしがれし　ウタリの名　誰しかこれを　取り返すべき」

という歌に衝撃を受けました。

二〇歳のときペウレウタリの会を知り、アイヌと和人の若者が共に手を取り合い、アイヌ差別がなくなり明るい社会を築こうという会の方針に感動して入会しました。

冬の農閑期に東京に出稼ぎに行ったとき、例会に参加して、皆で北海道の歴史を勉強して先住民族であるアイヌが、土地・言葉・風習を奪われ苦難の道を歩んできたことを知り、〝アイヌが差別される筋合いはない〟と気づきました。

私が一番悔しいのは親から子に伝わるはずのアイヌ語が話せないことです。

アイヌ語教室などで教えてくれる学者さんには〝よくぞアイヌ語を勉強してくれた〟と感謝の気持ちがありますが、自分の民族の言葉を学者に習わなければならない情けない状況をつくった責任は国にあると思います。

アイヌに生まれたくなかったと思う人はたくさんいると思います。

そういう人たちは先祖の受難の歴史を知って、自分の痛みとして受け止め〝アイヌ〟は悪口ではない、人間という意味だと人前で何のこだわりもなく「私はアイヌ系です」と言えるような世の中になることを願っています。

アイヌに目覚めた若者たちに期待しています。

北海道一五〇年を節目に多文化共生を考える

匿名（平取町在住、四〇代、男性）

蝦夷地から北海道に命名されて一五〇年という節目を迎えました。松浦武四郎が何度も北海道に足を運びアイヌと寝食を共にしアイヌ文化と北海道の地を多くの人々に伝えてくれました。

私は、小さな町で仕事をしながらアイヌ文化の伝承に微力ながら関わらせていただいております。小さい頃からアイヌという言葉は知っていましたが、自分が関わるとは全然思ってもみませんでした。アイヌ協会に入り、いろいろな人から話を聞いていると、曾祖父にあたる人、そのまた上の先祖が残した言葉も文章として残っていて、アマッポ（仕掛け弓）に関することや猟の仕方について書いてありました。知れば知るほど先人の知恵って面白く、ためになることが多いです。そんなこと……？って思われるかもしれませんが、山菜やキノコ、大袈裟かもしれませんが今なら匂いだけでも大体のありかがわかるようになりました（笑）。

しかしながら、知れば知るほど良いことばかりではありません。偏見や差別も多く、すごく残念に思います。アイヌじゃない人がアイヌに興味を持つことに対しても偏見や差別が起こります。幕末好きが幕末のことを話すのと何ら変わらないのに、アイヌのこととなるとなぜか溝ができてしまいますし、縄文人や弥生人はいいけどアイヌはダメみたいなことがなぜか起こります。アイヌだからとかじゃなく、差別や偏見もなくなればいいなって思います。

私はアイヌ文化の伝承も大切にしますが、アイヌだからとかアイヌじゃないからではなく、一人の人間としてこれからもアイヌのことに力を注ぎたく思います。

続いてきたこと、続けていくこと

匿名（千歳市在住、四〇代、女性）

北海道が命名されて一五〇年ということは、新聞やテレビなどでも目にするようになって気付いたことで、それまでは特に意識していませんでした。ただアイヌであることは良い面、悪い面ともに意識してこれまできました。

私はいわゆる「純粋なアイヌ民族」ではありません。母に聞いた限りでは祖母もそうではないかとのことです。ですが子供の頃に祖母から教わったことにはアイヌ民族の考えや知識がたくさんあったと思います。「熊やキツネは友だち、山菜やキノコを採るときはお礼を忘れずに、作法はわからなくても気持ちは伝わるんだからね」と、このような教えや叔父や叔母に教えてもらったことを常に心に留めて生活しています。

アイヌのことに理解のある旦那に巡り会え、愛する子供も授かりました。自分の子供はまだ小さいのですが、自分が教わってきたことを噛み砕いて伝えるようにしています。

私は思います。アイヌの歴史は一五〇年では語れないし、こうして伝えていくことで未来まで「アイヌ文化」は残されると信じています。私まで伝わってきたのですから。一人一人が一つずつ伝えていければ先人への感謝と尊敬へと繋がると思っています。もちろん祖母への感謝も忘れることはできません。

普段は積極的にアイヌの活動に関わっているわけではありませんが、さまざまなメディアを通じて北海道一五〇年の取り組みを知り、北海道の歩みのみならず多くの方がアイヌの歴史にも触れることで、よい時代を築いていけるのではないかと思っています。

変化の中を生き抜いてきたアイヌ民族

匿名（札幌市在住、四〇代、男性）

インターネットで北海道一五〇年と検索すると、松浦武四郎の話とか多くの有名な企業が「北海道一五〇年事業を応援しています」というようなことが出てきます。北海道一〇〇年と検索すると、北海道百年記念塔のことがたくさん出てきました。じゃあ北海道五〇年と検索してみると「開道五十年記念北海道博覧会」というのが開かれたことがわかりました。

五〇年のときも一〇〇年のときも式典をやったようですがインターネットでは詳しい内容はわかりません。しかし、それぞれ区切りの時代でアイヌはいろんな思いをしてきたのだろうなと思います。自分たちの現状を悲観していたのか、それとも将来に向かって努力をしてきたのか、そういうことを経て今の私たちを取り巻く状況があるのです。

北海道一〇〇年のときには、先住者であるはずのアイヌ民族のことにあまり触れなかったようで、そういう反省もあってか今回の一五〇年事業ではいろいろとアイヌ民族に気を遣ってくれているのかなと感じました。

開拓者としての苦労も多大なものだったと思いますが、古い時代から北海道にはアイヌ民族がいて、厳寒の北海道で暮らす知恵を開拓者へ伝えたのもアイヌ民族だと思います。そういうことは忘れずにいてほしいし、これからもこの地に暮らす者同士で仲良くやっていくことを望みます。

私の願い

匿名（札幌市、七〇代、女性）

私が、五歳のときの四月に、父が亡くなりました。私は三人きょうだいで、妹は三歳、弟は一歳でした。父が亡くなった日、私は母の膝の上に乗り、母と一緒に父の傍で眠りました。父の亡骸は、馬車にひかれて墓場まで向かいました。母は和人、父はアイヌの血統でした。

父が亡くなったあと、親戚から母は若すぎるといわれて、私と弟は、親戚に、妹は別の親戚に、それぞれ預けられました。私と弟が預けられた家には、弟と同じ年の子供が一人養子になっていて、とても大事にされていました。その一方で、私と弟は、牛乳や卵を買うために遠くへ行かされたり、焼酎を買いに行かされたり、畑で朝から遅くまで働かされたり、家の中では、ぞんざいに扱われました。私は、母から捨てられたのだと思い、母をとても恨みました。今考えれば、自分の子供を捨てたい親なんていないと思います。しかし、当時はとても母を恨んでいました。

その家には、次々と子供が生まれました。養子の子供と、本当の子供たちは、とても大切にされていましたが、私と弟は、愛情をもらえずに、ただ、労働力として、たくさん働かされました。小学校四年生くらいから中学三年までは、夏に畑仕事をしました。中学二年生から三年以降は、冬場は、土方の出面にも行きました。夜列車が行ったあとに、山側から川へ土砂を捨てる仕事などをしました。働いたお金はもらうことができません。成人するときにだけ、自分の服を買うために、その分だけお金をもらいました。当時、七〇〇〇円でスーツを買って、成人式に行きました。私は、子供の頃から、そこにいるのが嫌でしょうがありませんでした。楽しみが何もないのです。内地の紡績工場へ、働きに行きたかったのですが、私はその家の大事な働き手なので、行かせてもらえませんでした。どうしても家から離れたくて、知り合いの人と二〇歳で、結婚しました。その後、四人の子供が生まれました。

夫は嫉妬深く、金が入ると、働かずに麻雀をするような人でした。子供に対して暴力的なところもありました。私はとうとう三六歳のときに、家を出る決意をしました。その日は、天気がよい土曜日でした。当時小学生だった子供たちに、「家出するよ」と言いました。子供たちも「お父さんといるのはいやだ、お母さんと一緒に行く」と言って、学校が終わったらすぐに、遊ばないで帰ってこいと言うと、子供たちは、飛んで帰ってきました。夫の兄嫁が「何か考えているでしょ。虫の知らせがあった」と言ってやってきました。荷物を後で届けてあげるから、と言って積みなさいと言ってくれました。結局、そのときに会ったのが最後でした。夫はたいへん意地悪い人でしたが、夫側の親戚は優しい人がたくさんいました。タクシーを呼んで、荷物を持てるだけ持って、家を出ました。タクシーの運転手から「奥さん、家出するんですか?」と聞かれました。「はい」と言いました。「親戚がクラブハイツで働いているから、紹介しようか」と言われましたが、断りました。新しい土地で、朝から晩まで働き、子供たちを育てました。

子供は、アイヌだといじめられたこともあります。私は、アイヌであるということを人に言いません。ただ、普通に生きたかった。アイヌだって、同じ人間です。腕を切ったら赤い血が流れます。和人と一緒にいて、たとえば「アイス」という文字を見ると、「アイヌ」に見えないかと、心配になります。私は、踊りはできませんが、アイヌの歌を歌ったりするので、たまにテレビに映ったりもしますが、周囲には知らん顔して生きています。いまさらアイヌだって公表しても、後ろ指を指されます。だから言えません。今は、孫がいて、幸せに生きています。私は、自分がされて嫌なことは人にするな、と子供たちに言って育ててきました。できることを、できる人が、それぞれすればいいと思います。

今は、いろいろな人たちが、さまざまなことを働きかけてくれています。私が生きている時代には間に合わないでしょうが、子供や孫たちの未来には、アイヌへのいじめや差別がなくなればいい、それだけを願っています。

自分とアイヌの関わりについて

匿名（札幌出身、関東在住、三〇代、女性）

私は現在三〇代の女性です。祖母のルーツはアイヌですが、特に普及に関わる活動等はしていません。小四のときに母にカミングアウトされたときのことは、今でも覚えています。真剣で悲しい面持ちで、祖先にアイヌがいることを伝えられました。第二次性徴に伴い、周りと比べかなり毛深く顔立ちがハッキリしてきたことで、なぜ特徴的な外見なのかを知っておくべきだと感じ、明かしたそうだ。

しかし私は、アメリカ、ロシア等の色んな国の人たちが日本にも世界にいるのは当たり前で、血筋による優劣は感じずに、ただそうなんだ、と受け止めていた。告げられたのがアイヌだろうとどの国の血筋だろうと、同じ感想だったと思います。きっと、同世代か私よりも若い世代は、特にネガティブなイメージを持つ人は減っていっているように思う。

ここでは文字数の関係で具体的な内容は言及しませんが、歳を重ねるにつれ、親世代の方たちに話を聞くと、血筋にアイヌがいることに劣等感を感じる人もいることを知りました。私の親族も、アイヌの血筋であることで、縁談で揉めたことがあります。本人ないしいわゆる和人が、アイヌをまるで穢れか忌むべきものかのように扱うことがあるのだ、あまり自分からは公言しない方がいいんだ……と感じる空気があった。でも、ほかでもないアイヌだけが、なぜそういった意識を持たれてしまうのだろう。自分のルーツのひとつなのに言葉さえ知らない。授業でも「昔北海道にいました、以上」程度しか習わない。

母と「まりも祭り」に行ったが、観光客として眺めただけだし、踊りも何度か見たり刺繍は教えてもらったが、それ以外どんな文化があるのか知らないな……知りたいなと、高校に上がった頃から、本当にただ好奇心で学び始めた時期がある。勉強し始めに読んだ本に、鍋をよそうときにおたまをゆする行為をしてはいけない、というような内容があったのが印象に残っていた。そんなとき、某年初めてアイヌの「シリカプ(カジキマグロ)の儀式」に参加することになった。これまで自分はアイヌのアイデンティティを意識したことがなかったため、自分はただの観光客の一員なのか、それとも、こういったイベントには、アイヌであることを意識して参加しなくてはいけないのか?とあまりに真面目に悩みすぎて体調を崩してしまった。

そもそも、私にはアイヌや日本以外にも色んな血筋が混ざっているため、特定の血縁にだけ自分のアイデンティティを持てなかった。また持つ必要もないと感じている。

そもそも、日本人名で日本人としての暮らししかしていないので、今思えば当たり前かもしれない(きっとアイヌの人々がそうなるようにと、政策で暮らしも名前のつけ方も日本人と同じようにさせてきたのだろうとも思う)。

いざイベントに行くと、初めてのカムイノミは新鮮で、何だかわくわくした。そしてカジキマグロも来客に配られたのだが、おそらく観光客の若者にしか見えない私には、おたまをゆすって、具をかなり落とされてよそわれてしまった。これが噂の……と感動した反面、お食事に同席していた研究者の方や、アイヌの踊り等の活動をされている方々が美味しいと言って食べているなか、私はシリカプの味を知らずに終わった。

食べ物の恨みというわけではないが、なんだかますますアイヌのコミュニティの一員にはなりえないのかな、と感じてしまった出来事だった。

一時期、色んな地方の儀式的なイベントを見にいったりしていたが、今は趣味や仕事等プライベートが忙しくなり、関わらなくなってしまいました。当時感じたのは、アイヌ文化に限らずだが、自分から興味を持ってそういった場に出向かないと、外からは何の情報も入ってこないなというこことだった。しかし、ここ一〇年の間に札幌駅にアイヌ刺繍タペストリーや木彫りの像が飾られ、イランカラプテキャンペーンが始まり、日常生活の傍らによくアイヌ文化に関するものを見かけるようになったように思う。過去の悲しい出来事を隠したり忘れるべきではない。でもそればかりクローズアップするべきでもない。

まずは、例えばクラスメイトだったり、職場の仲間の中にいるのも当たり前で、生活のあちこちにアイヌ文化のあれこれがあるのが当たり前と思うような、知るきっかけになる入口がたくさん増えたんだなと思います。

血筋にかかわらず、差別や区別を完全になくすのは難しいが、少しずつ「知らない特別な何か」から「身近で傍らにある文化と人」にはなっていけると思っています。

石原真衣、ＯＫＩさん以外は、50音順で掲載した。

百五十年、胸中に去来するもの

新井かおり（日本ライフストーリー研究所会員）

排外主義が跋扈している、現在

現代の排外主義者（ネット右翼／ネトウヨ）がアイヌに対して行う差別扇動表現・行為（ヘイトスピーチ）がアイヌにまつわる問題として、アイヌとアイヌに心を寄せる人たちの間に広く共有されているとは言いがたい。よくある誤解として、近年に現れた現象であるというものがある。実際にはそうではなく、ヘイトスピーチは暴力的な発想に根差したレイシズム（人種・民族差別主義）の表現・行為として、歴史的な問題であり、同時に社会的、構造的な問題である（LAZAK二〇一六：一四―一五）。

主に在日外国人をターゲットにしたヘイトスピーチをインターネットで書き込むネット右翼は、戦後の外国人排斥を目的とした既存右翼の一部と、一九九六年発足の「新しい歴史教科書をつくる会」などの歴史修正主義運動と合流し、その勢力を拡大させてきた（樋口二〇一四、明戸二〇一八）。ネット右翼の代表的な団体である「在特会（在日特権を許さない市民の会）」は二〇〇〇年代後半からネットにとどまらずヘイトスピーチをするための街頭宣伝を始め、二〇一三年にヘイトスピーチは社会問題として認識されるようになった。またネット右翼は二〇〇九年には北海道アイヌ協会の事務所への侵入未遂事件を起こすなど、ほぼ同時期にヘイトスピーチのターゲットの一つにアイヌを据えている(岡和田、ウィンチェスター二〇一五)。

従来、論じる価値がないとされてきたヘイトスピーチだが、古くからの差別を再生し、アイヌに対する憎悪を増幅するのが目的であり危険である。インターネットを主な媒体として扇動されるがゆえに、従来の個人間の差別表現行為よりもさらに広がりが早く、報道やインターネット等でアイヌの当事者のみならずアイヌとの関わりを明かした人が頻繁に標的にされ、大量のヘイトスピーチを浴びせられている。現在の情報インフラといえるインターネットを利用するアイヌは、「アイヌ」と検索するだけで、ヘイトスピーチに目を撃たれ、ヘイトスピーチを浴びながら生活せざるを得ない。いわれのない誹謗中傷であっても、このようなレイシズムによる発想はアイヌ政策にもしばしば介入し、圧力を加えて政策を歪めることから、座視できない。

アイヌとアイヌに関係のある人々に対する排外主義的な攻撃は、なぜ見えにくいのか。私はその大きな理由をアイヌにまつわるナラティブ(物語)が変転していく流れの中で、今あるナラティブが現状を認識する余地を狭めているからではないかと推測する。本稿ではアイヌにまつわるナラティブの流れを自分の論文(新井二〇一四)をベースにして論じ、それをアイヌである〝私〟の経験と照らし合わせ、現状打開の糸口にしたい。

〝滅亡・同化のナラティブ〟のもとに育つ〝私〟

私は編者の石原真衣《いしはらまい》さんや、この本にコメントを寄せている同胞に向けてこの原稿を書いている。それゆえになるべく正直に自分をさらけ出すつもりでいる。私は一九六六年に埼玉県大宮市で、和人の教員の父と専業主婦（のちに団体職員など）の母の長女として生まれた。母、幹子《みきこ》は平取《びらとり》町二風谷《にぶたに》の貝沢正《かいざわただし》（一九一二―一九九二）の長女であり、埼玉に嫁いでからも二風谷との関係が深く、休みのほぼすべてを二風谷の実家で過ごしていた。貝沢は一九九二年に亡くなるまで社団法人北海道ウタリ協会（現・公益社団法人北海道アイヌ協会）の副理事長をつとめ、一九八四年には「アイヌ新法（案）」（アイヌ民族に関する新しい法律案）の取りまとめ責任者となったことなどで、〝有名人〟であった。体が虚弱な私は、家の中で過ごすことが多かった。祖父の家は来客が多く、話の内容は私が具体的に理解できるものではなかったが、それは何か民族の全体に関わる、込み入ったことが真摯に話し合われていることは理解できた。祖父はとても来客に尊敬されているように見えて誇らしく、居間で祖父と来客の話を聞いているのが好きだった。私が「アイヌ」という言葉を初めて聞いたのは、おそらくその会話の中だったろう。

私はその「アイヌ」という言葉の意味に関心を持ったが、それを誰かに尋ねてみようとは思わなかった。二風谷は一九七二年頃から祖父らによって観光地化が進みながらも、「アイヌ」という言葉のやり取りされる場の空気がひりひりと緊張しているのを見たからだ。観光ではない日常の農作業などの風景の中でも、その言葉を口にしてはいけないらしいと、私は理解した。

私は二風谷に行くと祖父の書斎のアイヌに関する本を読みふけるようになった。特にアイヌの書いたアイヌの本が好きで、言語学者の知里真志保《ちりましほ》（一九〇九―一九六一）や、アイヌ文化の実践者の萱野茂《かやのしげる》（一九二六―二〇〇六、私は萱野茂を当初、作家として知った）の著作は私にとってアイヌについて教え導いてくれる存在だった。一方で和人の書いたアイヌについての本に出てくる「アイヌ」にはリアリティを感じることが少なくて自分や周囲の二風谷の人々がそこに結びつかず、好きなものは少なかった。〝滅びゆくアイヌ〟、今では考えられないそんな言葉が一九八〇年代初頭まで本に踊っていた。それらの言葉によって「アイヌ」は普通ではない〝異質〟なものに思えた。

まして埼玉に帰ると、アイヌの存在自体ないかのようで、私は二風谷の経験を話せなかった。アイヌの系譜に繋がりながらもアイヌのいない（と当時の私には思われた）埼玉県で暮らす、おっちょこちょいな私ですら、アイヌのことはうかつに人に話してはいけない胸に秘めるべきことだった。今思えば孤島に一人住む人のようにどこか孤独だった。自分が奇妙な扱いを受ける可能性のある人間の一人だと思うことは、自分の将来への恐れになった。同級生に夏休みはどこに行くの、と聞かれて、北海道、と答えたら、「やだ、アイヌ？」と言われた。埼玉の中学生がアイヌという単語を知っていることすら驚きであるが、知っていたとしても偏見が知識に埋め込まれている。私は会話を止め、今なら考えられないが、こう考えてしまったことを覚えている。「私の祖父はアイヌとして名が知られている」、だから今のようにほんの少しでも詮索されたら「私がアイヌであることは隠せないだろう」、そしてこう願いさえした「私の孫の代くらいにはアイヌという言葉がなくなっているといいな」と。そのときの私は自分が自分であることを否定しかかっていた。そして私は〝異質〟ではない〝普通〟の人の〝擬態〟をし始めた。私の名字（東京生まれの和人の父の名字である）や容姿ではそれも可能だった。だが私にとって二風谷は心の中で懐かしく美しい、自分を偽らないでいられる場所であり、祖父を慕っていたので、自分をアイヌではないことにして祖父を悲しませる気はまるでなく、私は宙ぶらりんだった。今思えば私は〝滅びゆくアイヌ〟というナラティブに心をむしばまれていた。

台湾で受けた衝撃で「アイヌとなる」

中国の文学者、魯迅の小説を愛読していた私は、中国の北京大学に留学し中国文学を専攻した。一九八九年に祖父は台湾の先住民族（原住民族《ユエンジューミンズー》）との会議（原住民権利促進会）に出るため、私の旅費を払って台湾に呼んだ。

原住民族の活動家たちの集まった会議は、当時の私にとって堅苦しいもので、私は会議のあとに近所の原住民族の子供たちと遊ぶのがとても楽しく、子供たちをかわいく思った。会議は場所を変えながら続き、最後には台北に戻ってきて、活動家たちは私たちを華西街と呼ばれる繁華街の小さな通りに連れてきた。そこで私の見たもの、感じたことが私を生涯支配する。

その通りの鉄格子の中では原住民族の年端もいかない少女たちが、生命を持たないモノのように、その体を売られていた。鉄格子の中に少女たちを見た瞬間、私は号泣してまっすぐ歩けなくなった。そのとき原住民族の権利回復運動の活動家、ヨハニ・イスカカブットが私の身体を支えながらこう言った。「辛いだろう、悲しいだろう、だがこの苦しさから目を離してはいけない。その悲しみや苦しみを自分の戦う力にしなさい」と。私は、数日前に遊んだ子供たちの顔を思い出している、と答えた。ヨハニは「その子供たちがあと数年で売られてここに来るだろう」と答えた。一九七〇年代から台湾の原住民族社会は貧困にあえぎ、多くの少女たちが借金のかたとして性風俗産業に売られたことは、「雛妓」問題として一九八〇年代には女性問題や原住民族問題に取り組む団体の共通の運動テーマとなっていた(野村二〇一〇)。

私は号泣しながら、体に電流が走ったように理解した。先住民族の若い女性として生まれるということは、そのような不正義にさらされやすい、ということを。その子たちと自分は同じだと。

続けて自分が自分についてまるで理解していなかったことを理解した。朗らかな女子大生を〝擬態〟した私だが、今の私でいることはまったく私の努力によって達成できたものではなく、私の先祖が何世代にもわたって、子孫のために願って戦い取ってきたことの結果としての私がここにいるのだ。私がそう育つように周囲から注意深く差別と隔てられ、守られて育ってきたのが、今の私なのである。その瞬間に自分の足元がはっきりと見えた気がした。

そのとき私は「アイヌになった」のだ。自分がアイヌ文化やアイヌ語を学んでいないことで、典型的なアイヌ像に当てはまらないように感じ、自分を「アイヌ」だと名乗ることが適切なのかどうかもわからなかったが、この経験によって自分をアイヌだと思えるようになった。すでに現在の私の中に、アイヌである先祖の苦しみや希求が織り込まれている、そのことを実感した以上そのことから逃れられない、そう思うなら私はアイヌである。こうして私はアイヌの〝当事者〟になった。

（アイヌが「アイヌになる」ということは、ネット右翼が妄想するように、縁もゆかりもない人間が突然アイヌだと自己主張することではない。前節に書いたように私にはアイヌの系譜と繋がりがあり、それがこの出来事によって方向づけられていくことをここでは「アイヌになる」と表現した。読めば理解できることだが、意図的な誤読をされ切り取られることを避けるためにここに付言しておく。）

アイヌの主張し始める、〝抵抗としてのアイヌ文化〟のナラティブ

こうして私はアイヌ文化を学ぶことではなく、先住民族の女性たちの歴史を自分に重ねて感じ取ることで「アイヌになった」。一方でアイデンティティと文化がそれほど結びつけられていないマイノリティ集団もあることを考えると、アイヌであることがアイヌ文化の継承や実践に固く結びつけられていることに対して、もっと解釈がほしいと思うときがある。

私が物心のついた一九八〇年代初頭まで、アイヌがいずれ絶滅し同化するというナラティブは、支配的な社会通念であり強い力を持っていた。背景には「アイヌの異質性は野蛮で未開であるゆえであり、いずれ文明人である日本人に同化し、アイヌは滅びゆく」という偏見がある。このナラティブは、アイヌに対して、同化され滅亡することを迫るナラティブとして機能していた。ほとんどのアイヌから、アイヌとして存在する余地を奪い（東村二〇〇〇：四〇）、差別を解消するために、アイヌ自らが伝承を放棄し、自らが存在しないものであるかのようにふるまうようにさせた。私が自分の将来について悲観的な想像をしていたのも、このナラティブの影響下にあったためである。

このナラティブを覆し、戦後アイヌが自らを「アイヌ」として主張し始めるのは、一九六〇年代後半から世界的に起きた学園闘争の時代、やや遅れて日本にも波及した〝下からの歴史〟の問い直しの流れ以降である。〝いずれ滅亡し同化する〟という強いナラティブに対抗するためには、アイヌは滅亡しないという主張の根拠として、アイヌ文化の継承の証明が必須であると了解されるようになり、アイヌの運動といえばほとんど文化復興運動を指すようになった。一九七二年、萱野茂と貝沢正によって二風谷アイヌ文化資料館（現・萱野茂二風谷アイヌ資料館）が開設されたのはその象徴的な一歩であり、そのときの貝沢の祝辞はその意図を物語っている。

私たちは、この資料館を中心にして民族の歴史を知り、新しい正しい歴史を掘り返し、それによって自信をもち、よりいっそうの努力を積み重ね、三百年来持ちつづけた卑屈と劣等感をすて、格差と差別の解消をはかりたいと思います。（『社会新報』一九七二年八月二日）

貝沢にとって、アイヌがアイヌ文化の継承を示すことはアイヌの歴史を知り、知らしめることを意味していた。皆がアイヌの歴史と文化を知ることによって、アイヌに対する権利侵害があっても〝すでに同化された〟としてその姿すら捉えられず、そのことがいっそう「格差と差別」を存続させている現状に対する打開への、第一歩になると考えた。また「卑屈と劣等感をすて」とあるように、アイヌ文化を取り戻すことは、貶められた自分たちの価値やアイデンティティを奪い返すことを意味する。例えばあるアイヌは、アイヌ文様を見ると胸が削られるように思ったと述べ、「美しいものが、美しく感じられないのはつらいことだよ」、「美しいものには、だれでも心を許すよね。それができるのは文化だよ」(北海道新聞社社会部編一九九一：二五)と語っている。多くのアイヌが「美しいものを美しいと思えない」のは、滅亡のナラティブに影響された価値観によって自分たちの価値が奪われていたからであり、文化を取り戻すことによって自分たちの価値は回復され尊重されるだろう、と考えたのだ。

〝自然と共生するアイヌ〟というナラティブ

当初は滅亡への抵抗や尊厳の回復のためのアイヌ文化振興のナラティブだったが、一九八〇年代から九〇年代に、著名な哲学者の梅原猛《うめはらたけし》(一九二五—二〇一九)が主唱した、「アイヌ」は〝自然と共生〟をする「原日本人」である、というナラティブが付け加わることで、その意味は変転した。「アイヌ」は「原日本人」であるとする古くからの人種論が、エコロジー論と癒着し、「自然との共生」という装いを得て再登場したものが、梅原の説である。東村岳史《ひがしむらたけし》はこのナラティブを「高貴な野蛮人モデルの変種に近い」とする(東村二〇〇二：二三七)。現代のアイヌを古代の縄文人と同じとみなすことは、アイヌの現実の生活を排除することになる。梅原はその説を「今なお日本人の心に残存する、アイヌといわれるひとびとにたいする積年の偏見をなくするに役だつと私は思う」(梅原・埴原一九八二：四)と述べる。アイヌと和人が同根の民族であることがわかれば「偏見を解消する」という梅原の仮定は、異民族に対する差別を肯定することになりかねない（花崎一九八六：一〇四）と批判されるとおり、妥当とはいえない。

折しものスピリチュアルなブームもあいまって、一九九〇年代からこのナラティブでアイヌはまるで「自然と共生する聖者」（細川一九九八）であるかのように扱われる雰囲気に置かれた。当初の絶滅のナラティブに対する抵抗が込められていたアイヌ文化復興運動は、この「自然との共生」ナラティブによってその力は薄れ、和人にも受け入れられやすい協調的で美しく無難なナラティブに変わってしまった。

一九九七年、アイヌ文化振興法の制定当時、萱野茂はアイヌ文化振興法を「一本の苗」とたとえ、この「苗」を後の手がかりとして残し、これから皆でその苗に「これが必要ですとか、これを加えてほしいと言って補強」し、いずれは「この法律をきちんとしたものに育て」たい、と語った（秋野ほか一九九八：一六七―一六九）。けれども振興法制定以降、アイヌ文化振興のナラティブと自然との共生のナラティブが、しばしば互いに癒着して受け止められ、実践されていたように私には見えた。私は自然と共生していない都会に住むアイヌであり、アイヌであることを貶められたくないと思ってはいても、そもそも何かの民族であることが卑しめたり尊んだりする対象とは思わない。〝自然との共生〟ナラティブはアイヌを称賛しているようでいて、実は現在のアイヌの生活からアイヌを排除しているのではないのか。

そう思いながらもアイヌ文化実践に携わらない私は、そのような批判を述べていいのかについて迷っていた。私がその批判を口にすることは、前述の切実な希求のもとにアイヌ文化振興に携わるアイヌの同胞の邪魔になるだろう、そう恐れたからだった。

それでも恐れとともに私には期待があった。これらアイヌ文化振興と、自然との共生のナラティブの姿をしたアイヌ文化振興の実践によって、一九九〇年代の多文化共生の大きな掛け声のもと、多様な国籍、民族の人びとが行きかうようになってきた国際化された日本で、アイヌ文化もその多文化の一つとして社会に〝統合〟され、アイヌ差別は昔話になっていくのだろうと、漠然と期待していたのだ。一方で一九九五年には日本が国連の「人種差別の撤廃に関する国際条約」に加入したことなど、世界的な先住民の政治にアイヌの復権運動もますます組み込まれて、アイヌに関する政治も進んでいるように見えた。一九九〇年代には被差別的マイノリティに対して配慮する路線は自民党主流派にまで共有されていた(岡和田二〇一八：三四二―三四三)のが、世の中の主流の空気である。

私は立教大学の社会学部大学院に入って貝沢正の手稿を整理し、アイヌの近現代史を研究しながら(自分について知ろうとしてもアイヌ近現代史の叙述の薄さに驚いたからである)、アイヌ文化実践に携わる皆の――アイヌ文化を知ることで差別・偏見がなくなっていくように――という願いが叶うことを見守るつもりだった。

排外運動の隆盛、アイヌもターゲットとなる

二〇〇〇年代に入ると、私のこの期待は裏切られた。マイノリティに対する排外運動が息を吹き

返し、政治を揺るがしマイノリティの生活を脅かす大きな問題に育ってしまったのだ。

二〇〇七年に国連で「先住民族の権利に関する国連宣言」が採択され、それを受けて翌年に日本の衆・参両議院で「アイヌ民族を先住民族とすることを求める決議」が採択された。小林よしのりはかねてから歴史修正主義的な漫画を描いていたが、その決議への反感をきっかけとして(小林・香山二〇一五)、二〇〇八年からアイヌに対する歴史修正主義的で差別的な漫画を発表した。その語り口を真似たネット右翼がアイヌをターゲットにし始めたのである(岡和田・ウィンチェスター二〇一五)。

ヘイトスピーチと従来の差別との違いは、ヘイトスピーチが「差別はすでに存在していない」という前置きを置くことであり、アイヌへのヘイトスピーチの場合にはしばしば「純粋なアイヌやアイヌ文化については尊重する」といった言い訳が前提になる。ネット右翼は続けて、①アイヌは固有の言語や文化を失い同化していて、すでにアイヌ民族はいない、②いたとしても混血していて純粋ではないのでアイヌは存在しない、③アイヌ語や文化は地方ごとに異なっているのでアイヌは統一された民族ではない、④にもかかわらず民族文化振興の予算を不正に取得している(金二〇一八:三五—三六)、とする。

ヘイトスピーチは放置するにつれてエスカレートする。ここ数年、猛威をふるっているデマに「アイヌは在日(在日韓国・朝鮮人)に乗っ取られているので、今アイヌと名乗っているのは在日である」というものもある。これはある時点からある道内の攻撃的なネット右翼によって、広範囲なネット右翼をアイヌ否定に動員するために意図的につくられ流布された、アイヌと在日を結びつけるネガティブ・キャンペーンの結果である。見るのもおぞましい「ザイヌ」という言葉すら発明され使われている。その単語一つにこのような差別的な文脈がある。①アイヌと在日の双方を関連づけて双方を侮辱し、②アイヌを侮蔑する「イヌ」という古くからの差別表現をよみがえらせ、③しかもここにはアイヌと関係ない在日が不当に利益をむさぼっているといった、事実に結びつかない妄想じみた侮辱が込められている。

こうしたネット右翼によるアイヌへの嫌がらせによって、「アイヌだと知られたら殺される時代が来るのではないか」と強い恐怖に怯えるアイヌや、うつ病を患い心療内科で治療を受けるアイヌ(香山二〇一七:二二)が現れた。一方で現在もなお多くのアイヌが結婚差別などの古典的な差別に苦しんでおり、実は私自身や私の家族もその被害の当事者であることが、同時期に輪郭をはっきりさせ始めた。中学生の私が漠然と感じた将来の不安は、けっして根も葉もない妄想などではなく、現実の一部となったのである。九〇年代はアイヌ差別が公共空間に現れることは稀だったが、実はその間もずっとこの社会に脈々と差別が地下茎のようにはびこり、隙さえあれば姿を現すことを準備していたのだ。

反レイシズム運動、カウンター(対抗勢力)の出現

排外主義者によるヘイトスピーチに対する抗議行動は、従来の運動体とは異なる形をとった。二〇一三年に在特会が「お散歩」と称してＪＲ新大久保駅周辺で嫌がらせをすることを阻止するた

め、編集者の野間易通《のまやすみち》が「レイシストをしばき隊」（のちにC.R.A.C.と改称）を結成し、インターネットを用いて呼びかけを行い、直接対峙することで阻止に成功した（野間二〇一八）。このことは社会問題としてレイシズムを可視化するきっかけをつくった。野間はヘイトスピーチに対してマジョリティがマイノリティを代弁するのではなく、マジョリティが社会の当事者として対抗をすべき、と説く（野間二〇一八：五四―五五）。それによってレイシズムはマイノリティだけが被害をこうむる問題ではなく、社会全体を壊す「自分の問題」へと認識が転換され（金二〇一六：一〇七）、反レイシズム運動への広範囲な動員が可能となった。

札幌のヘイトスピーチデモに対する抗議行動から始まったC.R.A.C. NORTH《クラックノース》は二〇一四年に当時札幌市議会議員であった金子快之《やすゆき》が「アイヌ民族なんてもういない」とツイートしたことをきっかけに、アイヌに対するヘイトスピーチに抗議するようになった。C.R.A.C. NORTHは札幌市のヘイトスピーチに抗議するカウンターと呼ばれる市民とともに金子に対する辞職勧告決議を求めるインターネット署名を集め、市議会で可決、翌年の地方選挙では落選運動をし、成功させた。また主要メンバーはアイヌに対するヘイトスピーチに反対する本（岡和田・ウィンチェスター二〇一五）に関わるなど、現在のアイヌ差別に対抗するカウンターの中核的な役割を担っている。かねてから私は、アイヌだけを問題の〝当事者〟として意見を尊重するだけではなく、和人もまたアイヌ問題をつくる〝当事者〟の一員として、自分の意見を述べてほしいと主張していることから（新井二〇一〇）、C.R.A.C. NORTHの運動に共感した。

私にとって、二〇一九年五月二五日に施行された「アイヌ施策推進法」（アイヌの人々の誇りが尊重される社会を実現するための施策の推進に関する法律）にアイヌ差別の禁止の法文があることは、予想外のことであり驚きだった（第四条「何人も、アイヌの人々に対して、アイヌであることを理由として差別することその他の権利利益を侵害する行為をしてはならない。」）。二〇一六年に日本で初めて差別解消に向けた理念法である「ヘイトスピーチ解消法」（「本邦外出身者に対する不当な差別的言動の解消に向けた取組の推進に関する法律」）が成立したが、審議の過程で何度もアイヌについて言及され（魚住ほか二〇一六）、付帯決議ではアイヌも対象になると解釈できるが、法文には書き入れられていない。アイヌ差別の禁止をうたう法律はアイヌ施策推進法が初めてとなる。アイヌ施策推進法の成立過程が不透明なことと、この法がアイヌの自決権を保障するようには見えない点については、私も多くのアイヌと同様に不満を持った。だがそれ以上に、前述した、萱野茂がアイヌ文化振興法を「一本の苗」にたとえた呼びかけを記憶していたので、この法の実効性を高めることに注力することを選んだ。

C.R.A.C. NORTH は合計三本の要望書を書き（https://crac.jp/）、要請書を手に私と C.R.A.C. NORTH の青木陽子《あおきようこ》とマーク・ウィンチェスターの三人で、与野党を問わず関連する国会議員の事務所を訪ねロビイング（要請行動）を行った。短いロビイングの間ではあるが、私がアイヌの一人ではあっても何の地位もなく、関わる資格があるのかどうか、私の関わりが同胞に歓迎されるかどうか等の一切が不明なことは精神的な重圧になった。そんなとき、私の祖父、貝沢正が取りまとめ責任者であった「アイヌ新法（案）」の「差別の絶滅を基本理念とする」（北海道ウタリ協会編一九九四：

一四一二）という文言を思い起こした（第一「基本的人権　アイヌ民族は多年にわたる有形無形の人種的差別によって教育、社会、経済などの諸分野における基本的人権を著しくそこなわれてきたのである。このことにかんがみ、アイヌ民族に関する法律はアイヌ民族にたいする差別の絶滅を基本理念とする」）。また各年代のエスノグラフに描かれ、生活の中で同胞たちから聞いているアイヌ差別のありようは、常に私の頭を離れなかった。その結果、アイヌ差別の禁止はアイヌの思いのうちの最も核心だと思えたことで、自分の行動を支えることができた。

以下は私が発表したエッセイを要約して説明する（新井二〇一九）。ロビイングの結果、われわれの要望した差別・ヘイトスピーチに関してはほとんどの議員が国会審議で触れた。法案はアイヌの人々に対する差別をしてはならないことを基本理念として明記しており、民族としてのアイヌなんてもういないという趣旨の発言はヘイトスピーチであること（荒井聰議員質問、橋本元秀政府参考人返答）、「アイヌの人々を明確に差別することを目的としたヘイトスピーチは第四条に反している」こと（津村啓介議員質問、石井啓一国務大臣返答）、また四条は国連の「先住民族の権利に関する国際連合宣言」が踏まえられており、宣言の〝差別を受けない〟という権利が反映されたものであること（堀井学議員ほか多数）も確認され、付帯決議の一条にも同趣旨の文言が盛り込まれた。

けれども付帯決議の五、「本法に基づく措置、とりわけ交付金制度については、本法の目的に沿ってアイヌ施策を適正かつ効率的に推進するため、制度の適切な運用を図ること」は、ネット右翼の要求を反映したものであると、決議後にある国会議員から説明を受けた。看過されがちなネット右翼の影響力であるが、実際にはその大きさを改めて思い知らされ、悔しかった。このような文言はネット右翼の勢力が弱ければ必要がなかったのだ。

「苗木を育てる」ためのナラティブを

私は〝アイヌは滅亡する〟というナラティブから自分を否定しかけたが、アイヌである祖父や先祖、地域とのつながりによって、自己否定からなんとか踏みとどまることができた。それから台湾原住民族の少女たちにふるわれる暴力を感じとることで、マイノリティに対する社会の傍観が、究極にはそこに行き着くことを知り、その知覚は自分が「アイヌ」であるという当事者性の自覚へと導いた。自分がアイヌであることは、先祖の思いや行いを知り、歴史や社会から貶められてきた自分たちの尊厳を奪い返すよう行動することに直結するという感覚を得たのである。けれども私は〝自然と共生するアイヌ〟というナラティブに納得できず、アイヌ文化復興運動には参加したとはいえない。私の運動への実質的な参加は、二〇〇〇年代からのアイヌに対するレイシズムの隆盛に対する歯止めが目的の、法律をめぐるロビイングからである。

アイヌ文化のナラティブは時代ごと、解釈し実践する人によって、その意味合いは変転する。アイヌ文化の振興という掛け声は象徴的なものであり、さまざまな意味合いを引き受ける。現在主流といえるアイヌ文化のナラティブは、よりアイヌ文化を学ぶことの「楽しさ」が強調される傾向にある（北海道新聞社編二〇一八）。アイヌへのヘイトスピーチと、アイヌ文化を学ぶことの「楽しさ」

の双方が混在する現在において、この原稿でいったんアイヌ文化振興の評価を試みたい。

アイヌ文化振興法制定以降のアイヌ文化の隆盛は、当時の私にはまったく予想もつかないことであった。現在のアイヌの諸運動はアイヌ文化の〝ルネッサンス〟と形容したいほどの新たなステージへと導いている。また、ヘイトスピーチを見るなかで私が驚いたのは、多くのネット右翼ですら、アイヌ文化の実践に対する漠然とした好感を抱くことである。アイヌ文化が振興されることによって一定程度、社会にアイヌへの肯定感を広める貢献があったためだろう。もしアイヌ文化振興がなかったらと想像すると恐ろしさすら感じる。

一方で、アイヌ文化復興のナラティブが自然と共生するアイヌというナラティブと癒着すると、アイヌは〝日本人〟ならざる他者として、現在のアイヌの抱える複雑さやあいまいさを捉える余地を狭め、アイヌの諸運動の根底にあったアイヌの権利回復の主張を見えにくいものにする側面があったのではないか。現在ネット右翼にヘイトスピーチの根拠としてナラティブの欠陥が衝かれており、このナラティブにとどまる限りレイシズムのある現状の直視は難しくなる。そうであるならばインターネットを使う若い世代がヘイトスピーチの被害を受けても、その心身をケアする術が持てない。

また私がロビイングしていて驚いたのは、既成のアイヌに関係する市民団体やグループなどの運動体のアイヌ差別に関する取り組みが薄いために、国会議員事務所への情報提供が充分といえなかったことである（それゆえに我々は歓迎を受けた）。内閣官房で開催された「アイヌ政策のあり方に関する有識者懇談会」や「アイヌ政策推進会議」の議事録等を見ても、アイヌ差別禁止のために法制度を整備し、対策を講じようとする具体的な提言はほとんど見当たらない。アイヌ文化偏重のナラティブによって説明されることで、相対的に社会問題の変革への提言の力が落ちているのではないだろうか。

アイヌが自分たちで今までのナラティブの欠点を直視し、新しいものに作り直すことが望ましい。そのために私は以下のような内省が必要な条件であろうと思う。アイヌを、アイヌ文化や想像される「アイヌらしさ」で測らず、それでも自分たちをつなぐものが何かを考え直す。また歴史の、社会の地下茎のようにはびこり現在芽吹いているレイシズムを直視し、いかに対抗し、傷つけられた人々を癒すべきなのかを考える。また権利回復運動の動機の原点に立ち戻り、自分たちの問題について発信する力をいかに高めるべきかを考える。

喫緊の具体的な実践としては、法制度の改革に関わることを提案したい。アイヌと支援者は「アイヌ施策推進法」をどう実施するかについてのアイデアを出す。とりわけ、四条の差別禁止をどう実効化させるのかを議論することは、現在必要なことである。モニタリングをして問題点を洗い上げ、五年後の法改正に向けて意見を集成すべきであろう。また「ヘイトスピーチ解消法」は理念法であり具体的な罰則規定を持たないことなどから改正の機運もあり、そこにアイヌの問題をどう組み込んでいくか、あるいはそこに組み込まずアイヌ施策推進法で対応するのかの議論も必須になるだろうし、「ヘイトスピーチ解消法」を川崎市のように各地域の条例にしていく努力も重要だろう。どうしても「アイヌ施策推進法」が自分たちの問題にそぐわないのであれば、一九八四年の「アイヌ新法(案)」のときのように、アイヌが幅広く同意できるような新たな法案の準備を始める必要もあるだろう。「苗を育てる」ために。

【引用文献】

明戸隆浩、二〇一八年、「現代日本の排外主義と「対抗言論」:「ナショナリズム」から「ヘイトスピーチへ」」樽本英樹編著『排外主義の国際比較』、ミネルヴァ書房、二〇一―二三八頁。

秋野茂樹ほか著、一九九八年、『アイヌ文化を伝承する:萱野茂アイヌ文化講座Ⅱ』、草風館。

新井かおり、二〇〇五年、「台湾原住民族が私を「アイヌ」にしてくれた」台湾原住民族との交流会編『台湾原住民族との交流会十周年記念誌』、草風館、二四頁。

――、二〇一〇年、「自己を省察するための当事者性」北海道大学アイヌ・先住民研究センター編『アイヌ研究の現在と未来』、北海道大学出版会、五九―六四頁。

――、二〇一四年、「戦後のナラティブ・ターンから眺めるアイヌの諸運動と和人によるアイヌ研究の相克」『応用社会学研究』(56)、二二五―二四〇頁。

――、二〇一六年、「「アイヌ」の当事者として考えること。」『IMADAR通信』(187)、反差別国際運動(IMADAR)、http:imadr.net/books/187-6。

――、二〇一九年、「差別禁止にむけた実践の積み重ねを:アイヌ民族に対するヘイトスピーチの現状と、アイヌ施策推進法制定以降の展望。」『部落解放』(777)、三六―四五頁。

花崎皋平、一九八六年、「現代日本人にとって民族的自覚とは」『世界』(483)、九九―一一七頁。

東村岳史、二〇〇〇年、「状況としての『アイヌ』の思想と意義:『アヌタリアイヌ』による〈アイヌ〉表象の問い直し」『解放社会学研究』(14)、三九―四五頁。

――、二〇〇二年、「現代における「アイヌ文化」表象：「文化振興」と「共生」の陰」好井裕明・山田富秋編『実践のフィールドワーク』、せりか書房、二二八―二五〇頁。

樋口直人、二〇一四年、『日本型排外主義：在特会・外国人参政権・東アジア地政学』、名古屋大学出版会。

北海道新聞社編、二〇一八年、『こころ揺らす：自らのアイヌと出会い、生きていく』、北海道新聞社。

北海道新聞社社会部編、一九九一年、『銀のしずく：アイヌ民族は、いま』、北海道新聞社。

北海道ウタリ協会編、一九九四年、『アイヌ史：北海道アイヌ協会北海道ウタリ協会活動史編』、北海道ウタリ協会。

細川弘明、一九九八年、「エコロジズムの聖者かマキャベリストとの同床異夢か：先住民族と環境保全主義の切り結ぶところ」『現代思想』26(6)、二六〇―二六三頁。

香山リカ、二〇一七年、『「いじめ」や「差別」をなくすためにできること』、筑摩書房。

金明秀、二〇一六年、「ヘイトスピーチ問題の構成過程：三・一一以降の運動が可視化させたもの」『支援』(6)。

――、二〇一八年、『レイシャルハラスメントQ&A』、解放出版社。

小林よしのり・香山リカ、二〇一五年、『対決対談！「アイヌ論争」とヘイトスピーチ』、創出版。

LAZAK編、二〇一六年、『ヘイトスピーチはどこまで規制できるか』、影書房。

野間易通、二〇一八年、『実録・レイシストをしばき隊』、河出書房新社。

野村鮎子、二〇一〇年、「可視と不可視の間：原住民族女性の今日的課題」野村鮎子・成田靜香編『台湾女性研究の挑戦』、人文書院、二六九―二八六頁。

岡和田晃・マーク、ウィンチェスター編、二〇一五年、『アイヌ民族否定論に抗する』、河出書房新社。

岡和田晃、二〇一八年、『反ヘイト・反新自由主義の批評精神：いま読まれるべき「文学」とは何か』、寿郎社。

梅原猛・埴原和郎、一九八二年、『アイヌは原日本人か』、小学館。

魚住裕一郎ほか編著、二〇一六年、『ヘイトスピーチ解消法成立の経緯と基本的な考え方』、第一法規。

北海道平取町二風谷&東京出身

鵜澤加那子

北海道命名一五〇年の節目として考えることは、アイヌ民族と、その隣人である和人との関係です。北海道では、この節目を祝いごととして取り上げることが多かったようですが、私はそのことに疑問を感じました。政府からアイヌ民族への正式な謝罪なしに、互いの違いを尊重しながらの多文化共生ができるのでしょうか？　明治政府による北海道開拓プロジェクトの名のもと、アイヌ民族に対する同化政策や法律が施行され、その結果生じたさまざまなアイヌ民族の痛みや問題は、過去のこととして忘れていいのでしょうか？　これは、アイヌ民族遺骨問題にもいえることですが、過去の過ちを認めた上での話し合いは、これからの将来を共に築きあげていくためにも、多文化共生を目指す日本社会には必要なことだと思います。

二〇一八年は、博士論文で現代アイヌをテーマにしたこともあり、私にとって現代を生きるアイヌとしての表現を模索する年でもありました。私の年代は、ちょうどアイヌ語や文化を覚えているフチやエカシ（尊敬される年長者）から直接昔話を聞くことができた年代でもあり、同時に、インターネット、携帯電話を日常生活の中で使い始めた年代でもあります。海外への留学や旅行がより一般化された時代でもありました。つまり、グローバル化の波にのまれるなかでも、今を生きるアイヌがいて、アイヌの精神は、今でも残っているということです。

私と二風谷

北海道平取町二風谷＆東京出身

北海道沙流《さる》郡平取町二風谷出身の母と和人の父のもとに生まれた私の幼児期は、アイヌ文化と日本文化のデュアルライフでした。デュアルライフといっても、アイヌ語や文化を特に学んだわけではありませんでした。アイヌ文化は、日本文化のような空気のような存在。学校の休みといえば、東京から二風谷の祖父母の家に長期滞在し、そこでは、地元のお祭りや、アイヌ関係の行事に参加するのは当たり前でした。アイヌという言葉も日常耳にする言葉の一つ。生活の一部としてさり気なく存在するアイヌ文化。私にとっては、アイヌ文化は特別なものではなく、身近にある日本文化と同じような感覚で受け止めていました。

二風谷では、地元の方々や親族がいつも私を温かく迎え入れてくれ、自分の実家のように思っていました。人口五〇〇人にも満たない小さなコタン（集落）ですが、私にとっては、とても刺激的で夢のような場所でした。子供の頃、二風谷の祖父母の家に着いてまずはじめにすることは、水を飲むことでした。東京の水とは違い、砂糖を入れたように美味しい水。大自然に囲まれた二風谷で、夏には従兄弟と共に沙流川で魚を獲り、冬は裏山でソリをしながら遊びました。そんな裏山は、祖父母の大切な宝でもありました。祖父は、企業による森林の乱伐採に反対し、森林を守ることの大切さを教えてくれました。ただ、そんな夢のような生活は、いつまでも続きません。休みが終われば東京に戻らなくてはならない現実が待っています。祖父母とは、いつも泣きながらのお別れでした。幼いながらも東京に戻れば、その環境の違いにいつも戸惑いを感じ、その当たり前のアイヌについての話は、一切することはありませんでした。誰にもわかってもらえないと思ったからです。誰一人として東京でアイヌという言葉を使う人はいませんでした。

アイヌ、それとも、シサム?

アイヌであることが差別の対象であることを学んだのは、一五歳のときでした。当時、二風谷ダム裁判の過程で、東京でもサポートして下さっている弁護士の方々とのミーティングがありました。私の家族が裁判に関わっていたこともあり、私もそのミーティングに参加したことがあります。そのなかで、叔母が言った一言、今でも忘れません。それは、アイヌであることは差別されること、ということでした。その言葉を聞いたときはショックでした。どうして大好きな親族や友人、私が差別される対象になるのでしょうか? いわゆる、シサム(和人)顔である私は、今までアイヌっぽいといって差別されたことはありませんでした。逆に、シサム顔で可愛いとか、和人と結婚するのが幸せだよ、と二風谷のフチたちに言われたことがあります。そんな言葉は私の心を苦しめました。フチたちは、きっと私を心配し、そのように言ってくれたのだと思います。しかし、その言葉は、シサム顔でもアイヌとして生きたいと願う自分を否定されたように感じました。シサム顔ではダメですか? 大好きなアイヌ文化とアイヌの仲間。私にとってのシサム顔は、ポジティブなものではなくネガティブなものでした。みんなのようにアイヌ顔だったら良かったのに、なんで私だけ、と思ったことも何度もあります。

アイヌとしての表現を模索していた私にとって、容姿によってアイヌか、それとも、シサムか、と判断されるのは辛いことでした。大学在学中は、ある縁でアイヌ文化継承活動をするレラの会（東京）に入り、全国をまわりました。レラの会への依頼で、小学校やお祭りなどでアイヌ舞踊を披露させていただいたときのことです。観客の方に、あなたもアイヌなんですか⁉と足の爪先から頭の上まで凝視され、私は見世物ではない！と思いました。シサム顔ではダメですか？

アイヌ女性としての教育

アイヌ民族の自立を目指していた祖父は、常に教育の大切さを私たち孫に語り続けました。女性であればなおさらです。教育があれば、和人と対等になれるという思いがあったからです。私の母も、大学には絶対行くべきだ、きっと将来のためになるからと言い、大学進学をサポートしてくれました。そのような環境のなか、二風谷に戻れば、叔父と叔母の家には、海外からアイヌに関心を持つお客様が絶えません。そこで、さまざまな国籍の研究者、ジャーナリスト、写真家の方々と出会いました。その縁もあり、私は、徐々に海外への可能性を考えるようになります。東京で女性学、人権と平和を軸にする恵泉女学園を知人から紹介され、推薦入学したのは一九九六年のことです。大学在学中に、国際法や人権の問題を専門とする上村英明先生や苑原俊明先生のご指導のもと、東京に住む若いアイヌやシサムの友だちと勉強会を定期的にするようになりました。先生方は、国連のような場で、アイヌ自身がアイヌ民族を代表できる若者を育成したい、という気持ちがあったのだと思います。数年にわたり、勉強会で国連の仕組み、国際法、今までのアイヌ民族の国連での活動について学びました。その後、勉強会メンバーとともに、スイスのジュネーブで東京在住アイヌとして発表させていただいたこともあります。このような経験から気づいたことは、世界ではアイヌはあまり知られていないということでした。アイヌ民族自らの物語をどのように世界に発信できるのか？　そんなことを考えるようになりました。

東京での生活

東京での大学生活は、アイヌとしての活動が忙しくなり、ほかの学生のように楽しむ時間がなくなるようになりました。アイヌの活動にのめり込んだ大学時代ではありましたが、それが、逆に息苦しくなってきました。アイヌだけではない自分探しの旅がここで始まります。さまざまな民族が共存しているアメリカに留学し、社会学の学士を取得しました。アメリカでは、私はアジア女性。アイヌ、あるいは、シサムだけではない自分でいられる場所。ほっとする空間でもありました。その後は、先住民族関係の仕事とインターンシップをアメリカ、タイ、そして、スイスジュネーブですることになります。東京で仕事をしたこともありますが、その当時、職場の同僚に、自分がアイヌであると打ち明けることはできませんでした。よそ者（Others）として見られたり、根掘り葉掘りプライベートなことを聞かれるのが嫌だったからです。また、よく言われる一番嫌な言葉、全然アイヌに見えないね！という言葉を聞くのはもううんざりでした。ただ、今まで誇りに思ってきたアイヌを隠す必要はまったくない、自信を持つべきだとも思いました。本当に信頼できる同僚にだけ、自分の生い立ちを話したことはあります。

ノルウェーでの生活

ノルウェーは、人口約五〇〇万人ほどの国です。スウェーデンから独立したのは一九〇五年。立憲君主国として独立しました（Norway in Japan 駐日ノルウェー大使館）。ノルウェー国土は、日本とほぼ同じ面積で、約五〇パーセントが山岳地帯。涼しめの気候ということもあり、北海道を思い出させる場所でもあります。ノーベル平和賞でも知られるノルウェーは、世界の中でも基本的人権尊重を目指す国としても知られています。男女平等の仕組みが、社会構造の中に組み込まれていて、長期（約一年）の産休など女性に優しい労働条件が整っている国でもあります。

私は、現在、ノルウェー北部のトロムソという人口七万人ほどの街に住んでいます。誰も知り合いがいないノルウェーに修士号を取得するために移り住んでから一四年近くになります。ノルウェーのトロムソは、大学時代に先住民族のサーミとの交流で一度訪れたことがあった場所でもあります。世界の中でもサーミへの国の政策は、ほかの国々と比べると進んでいることで知られています。それを学ぶことがアイヌのためにもなるかもしれない、という気持ちもありました。皆様のサポートのもと、特に、北海道にあるエテケカンパの会、ノルウェー政府からの奨学金のもと、二〇〇五年にトロムソ大学で先住民族学を専門とする修士課程へ入学、二〇〇八年卒業となりました。修士論文では、日本とノルウェーにおける一九八九年の原住民及び種族民条約（第一六九号）の比較研究をテーマとしました。ＩＬＯ第一六九号条約は、先住民族が初めて条約起草の段階で参加できたとても重要な国際法の一つでもあります。

修士課程卒業後、スイスのＩＬＯでインターンシップをし、スウェーデンなどに住むこともありましたが、ベースはノルウェーです。遠く離れた土地にいても、いつも思うのは、アイヌ文化とその文化を共に楽しむ仲間。海外に生きる現代アイヌとしてどう生きたいのか、という課題は、今までの中で一番難しい課題でもあります。ノルウェーにいながらでも自分にできることとは何か？その一つとして、博士論文の題材として都市部における現代アイヌの現状について書くことを決めました。私自身、東京アイヌのコミュニティーで多くのことを学んだことがその理由でもあります。また、今までは主に、和人や海外からの研究者が、アイヌ学（Ainu Studies）という名のもと、アイヌ民族を研究対象として扱ってきました。英語の文献の中でも、今を生きるアイヌの声がほぼ聞こえてこないという現実。ヨーロッパ在住のアイヌとして、今を生きるアイヌを書いてみたい、という気持ちから私の研究は始まりました。

先住民族としてのサーミ民族

サーミ民族という名を聞いて、どんなことをイメージするでしょうか？　大自然の中、色鮮やかなサーミ民族衣装（gakti）を着た北欧に住む先住民族？　それとも、伝統的なサーミ民族衣装をもとにアレンジされた現代風の服を着ながらカフェで勉強する姿でしょうか？

サーミ民族は、ノルウェー、スウェーデン、フィンランド、ロシアにまたがる地域に住む先住民族です。伝統的には、トナカイ飼育や漁業を中心に生活を営んできました。ノルウェーでのサーミ推定人口は、約七万人とされています。現代のサーミの生活は、伝統的なトナカイ飼育や漁業を営みながら生活している人もいれば、都市部で生活している人などライフスタイルはさまざまです。

ノルウェーは、世界で初めて一九八九年の原住民及び種族民条約（第一六九号）に批准した国です（日本は批准していない）。つまり、サーミ法（一九八七年）に加え、国は、サーミ民族を国際法の上で先住民族として認めたことになります。主な権利としては、サーミ言語、教育、サーミ民族に関連することへの情報共有、それに関する参加権です。この条約批准への過程には、一九七九年、ノルウェー政府による水力発電を目的とした、ノルウェー北部に位置するアルタ川でのダム建設計画が深く関係しています。サーミ民族の伝統的なトナカイ遊牧が破壊されると危惧され、このダム建設反対運動は、国内外からの注目を浴びます。これを機に、その後、一九八七年のサーミ法制定、そして、一九八九年サーミ議会設立につながっていきます（鵜澤二〇一四：一三七―一四一）。

一九九二年からサーミ語は、ノルウェー国内で公用語の一つとして認められ、私の住むトロムソでは、病院などの標識は、ノルウェー語とサーミ語の両方が表示されるようになっています。地域により、サーミ語がどのくらい話されているかという差はありますが、ここトロムソではサーミ語だけの幼稚園や、公立の小学校でサーミ語での授業を受けることも可能です。サーミ民族デザインのブランドや洋服、アウトドアで使える手作りの木製コップなどは人気で、一般のお店でも購入できるものとなっています。

政策的にも日本より進んでいるという印象を受けるノルウェーですが、そんななか、サーミ民族への差別は今でも根強く残っています。私自身も、直接その差別的な発言を聞いたことがありま す。伝統的なサーミ民族の声楽とされているヨイクの音楽を聞いていたとき、友人にやめてほしい、と言われたり、街でサーミ民族衣装を着ている人を見てケラケラ笑う若者を見たこともあります。このようななか、サーミとしての生い立ちを隠しながら生活をしているサーミはたくさんいると思います。実際、そのような話を耳にすることも多々ありました。これは、アイヌにも共通することです。

政策が進んでいるように見えるノルウェーでも、まだまだ差別がある現実。私自身、ある縁でスウェーデン人と結婚し、二人の子供を授かりました。先住民族の研究をしているということもあり、主人の家族に何度かサーミ民族について聞いたことがあります。しかし、誰も何も知らない、ということがわかり、複雑な思いに駆られました。自分が大切に思っていることを、友だちや家族と共有したいと思うのは当然のことです。しかし、それができない現実もあります。東京に住んでいたときの悔しい思いを思い出します。

アイヌ民族の将来

国の政策が漸進的なものでも、サーミ民族のコミュニティー内で、その過程がどのくらい認識、理解されているかは別問題になると思います。国の政策への理解と、サーミが日々生活するコミュニティーの間のギャップは、アイヌに関して共通する点でもあります。これを逆に考えると、先住民族の現状を知らずに先住民族のためになる政策がつくれるのでしょうか?

アイヌのケースでいうのであれば、二風谷に住む地元の方が、どのように山で山菜を採り、長年にわたり、その自然の変化を観察しているのか、温暖化の影響による生態学的な変化はあるのか、などの情報は環境保全の視点からもとても大切な情報となります。そのような意味で、アイヌ民族の今に残る伝統的な食文化、植物などに関する知識は、今後の私たちの生活をより豊かにしてくれる大切なツールとなります。もう一つ重要なのは、今の時代に即した政策をつくるということです。国連経済社会局によると二〇五〇年には、世界人口の六六パーセントが都市部に住むという統計が出ています(国連経済社会局二〇一四:三二)。職や教育のため、多くのアイヌが都市部に移り住むというのは、現代を生きるアイヌの現状でもあります。そのなかで、現代を生きるアイヌに即した政策というのは不可欠になってきます。もう、一般にステレオタイプ化された、自然の中にだけ住むアイヌ民族ではないということでもあります。

では、どのような政策が理想的なのでしょうか? それは、先に述べたように、現状に即した政策をつくるということだと思います。また、アイヌ民族に影響しうる北海道での開発プロジェクトなど、関連するプロジェクトの実行過程でのアイヌ民族の参加です（参加権）。参加するということは（例えば、先住民族の権利に関する国際連合宣言などに記載されている）、そのプロジェクトが、アイヌ民族の文化やその将来に何かしらの影響を生じうることについてどう思うのか、ということを言う権利でもあります。賛成、反対、賛成だけれど文化を守るために一定の基準を持ったうえの賛成などです。的確な判断をするためにも、事前に関連情報を企業や政府から入手することも大切です。例えば、ノルウェーでは、サーミ議会がその役割を務めます。そのような意味でもアイヌのコミュニティー内外の協力が大切になってくると思います。簡単そうで一番難しいことは、互いの声を聞くことです。そして、その情報を皆で共有することで、お互いをより理解できるようになるものだと思います。ですので、アイヌ自身が書いた文章は、今まで知ることのなかったアイヌの声を学ぶことでもあります。

アイヌ民族と和人、ノルウェーでは、サーミ民族とノルウェー人は、過去数百年にわたり隣人として共生してきました。植民地化の定義と、どこまでを植民地化として理解するのか。日本、ノルウェー、先住民族という立場から、植民地化されたとする理解と、そうではないという議論もあります。しかし、今大切なのは、過去の過ちを認め、今持ちうる知識と精神世界を次の世代に受け継ぐためにも、隣人である和人とアイヌの違いを認め合いながらの共生を試みることだと思います。

北海道平取町二風谷&東京出身

引用文献

鵜澤加那子、二〇一四年、「オーロラのもとでの生活：ノルウェー先住民族サーミ民族と共存するノルウェー社会」大島美穂・岡本健志編『ノルウェーを知るための60章』、明石書店、一三七—一四一頁。

国連経済社会局、二〇一四年、2014 Revision World Urbanization Prospects, https://population.un.org/wup/Publications/Files/WUP2014-Report.pdf

Norway in Japan 駐日ノルウェー大使館、二〇一九年、https://www.norway.no/ja/japan/values-priorities/today/

あとがき――物語を継承する

石原真衣

二〇一八年は、「北海道一五〇年」の「とき」でした。行政では、「北海道一五〇年事業」として、「多文化共生」を目指す試みが行われています。多文化共生とは、互いの違いを認め合い、対等な関係を築き、共に生きることです。そのためには、どのような違いがあるのかを知り、「対等な関係」とはどういうことかについて、考えることが必要です。多文化共生や異文化理解とは、国境の向こうに関する話ではなく、私たちの日常生活の中にある課題です。

今、日本、そして北海道において、多文化共生について議論を進めるために、アイヌがどのような歴史と運命をたどり、そこにどのような悲しみがあったかという視点を持つことが必要です。足もとの異文化理解なしに、日本の国際化はなしえません。私たち家族にとって、「北海道一五〇年」とは、アイヌとしての喪失と沈黙の歴史でした。私の曾祖母は、唇の周りに入れ墨をしていたので、隣町の娘に会いに行くときには、その入れ墨を隠さなければいけませんでした。祖母は、八歳のとき、和人の農家で奉公を始め、腐ったご飯を食べさせられながら、労働しました。そして、自分たちの血を薄くするために、和人と結婚しました。自らの血を否定するということは、自分の存在を否定することでもあります。そのような物語を生き、悲しみを抱え、そのなかでわずかな、あるいははるかに大きな、希望を生み出しながら、アイヌは今日まで、命を継承しました。アイヌの先祖たちのこのような経験や思いは、「北海道一五〇年」の今、忘れ去られているのではないでしょうか。

このたび、『アイヌからみた北海道一五〇年』出版を決意した背景には、一般的な北海道民が、アイヌの思いについて触れる機会が、あまりに少ないと思ったためです。それは、開拓の歴史を否定し、誰かを批難するためではありません。そうではなく、この土地が持つ、悲しみや、努力や、希望の物語を、アイヌと和人が共に、継承するために、必要なことであると思ったためです。アイヌ自身の、本当の、生の声を、届けたい。そう思い、この本を出版することを決意しました。

私は、一五〇年前の、アイヌの気持ちに思いを馳せます。私の先祖は、どのような思いを持っていたのでしょう。それは、今となってはわかりません。私たち家族は、長い間、沈黙の海を泳ぎ続けてきました。その結果、アイヌのルーツを持ちながら、アイヌの歴史と文化を何も知らない、知る機会がない、自分が「何」なのかわからない、知ろうと思ったときに、自分のルーツと繋がるための場所がない、ということが起こりました。私たち家族のような「サイレント・アイヌ」は、北海道をはじめ、日本国内に何万人といるでしょう。私たち家族とは反対に、「アイヌであること」を継承し続けた家族も多くいます。アイヌへの理解が乏しい社会の中で、アイヌであり続けた人々の苦労は計り知れなく、それは人類の歴史において、とても尊いことです。

しかし、私の祖先は、突如、自分たちの文化を否定され、日本社会の中で生きざるを得なかったときに、自分の子供たちに、アイヌであることに関するあらゆるものを継承させないことを選びました。それは、自覚的な選択ではあるけれど、幸せな選択ではありません。私は、文化を捨て、自己の血を否定した先祖を恥じません。それぞれのアイヌが、そのときに最善と思われる方法で、生き延びたのです。私は、命を引き継いでくれたすべてのアイヌの先祖たちに、最大限の感謝と尊敬を送ります。そして「私」は、今、物語を継承し、語り始めます。聞かれることを待っている物語が、歴史が、今を生きるアイヌの数だけあるでしょう。

本書の企画は、たくさんの方々の温かい協力のもと、実現しました。「お祝いムードに水を差したくない」と感じる人がいるなかで、協力していただいた方々には、心から感謝申し上げます。特に、ＯＫＩさんが協力を了承してくれなければ、企画の段階で断念していたと思います。この本から聞こえてくるアイヌの声は、今を生きる、アイヌの物語を伝えます。アイヌとして生きる者、アイヌとして生きることができない者、歴史の忘却を生きる者、自分をアイヌと思えない人、さまざまなアイヌが、読者に語りかけます。その多様な声のありかたは、「人間とは多様だ」とか、「アイヌはバラバラだ」といった単純な様相ではありません。植民地主義的な過去と、「北海道一五〇年」という歴史によって、「アイヌであること」の感じ方は、ありとあらゆる彩りになったのです。私たちは、一つ一つの物語を抑圧することなく、互いの声に耳を澄ますときを迎えたようです。

今、北海道が命名されてから、一五〇年が経過しようとしています。

私たちは、共に生きるものとして、これからの〈アイヌモシリ《人間の住む大地》〉をどのように創造するのでしょう。

アイヌ、和人、そのどちらでもない人々が、それぞれの歴史を拾い集め、物語を紡ぎ、それから、どのように手を取り合うのでしょう。これからいよいよ多文化共生を迎える日本の中で、共に生きるとはどういうことなのかという議論が、進むことを願います。北海道大学出版会の皆様におかれましては、本書の刊行を引き受けてくださりありがとうございました。今日まで生き延びた、全ての〈アイヌ〉とその子孫に大きな尊敬を送ります。お元気で！

二〇一八年一一月一日

追記…諸事情により刊行に多くの時間がかかってしまいました。執筆者の年齢、肩書、所在地等は、原稿を提出していただいた時のものとなっています。刊行が遅れ、多くの方々にご心配とご迷惑をおかけしましたが、結果として、新井さん、鵜澤さんに執筆いただいたことは幸いでした。このような本を刊行することの難しさを切に感じていますが、きっと一〇〇年後のアイヌ（人間）の子孫が読んでくれると信じて筆を置きたいと思います。

二〇二一年八月二二日

石 原 真 衣（いしはら まい）

北海道サッポロ市生まれ。アイヌと琴似屯田兵（会津藩）のマルチレイシャル。北海道大学大学院文学研究科博士後期課程修了。博士（文学）。現在は，北海道大学アイヌ・先住民研究センター准教授。専門は，文化人類学，先住民フェミニズム。著書に『〈沈黙〉の自伝的民族誌（オートエスノグラフィー）：サイレント・アイヌの痛みと救済の物語』（北海道大学出版会，2020 年，第 38 回大平正芳記念賞受賞），編著に『記号化される先住民／女性／子ども』（青土社，2022 年），村上靖彦との共著『アイヌがまなざす　痛みの声を聴くとき』（岩波書店，2024 年近刊）など。

アイヌからみた北海道 150 年

2021 年 9 月 25 日　第 1 刷発行
2024 年 6 月 10 日　第 4 刷発行

編著者　石 原 真 衣
発行者　櫻 井 義 秀

発行所　北海道大学出版会
札幌市北区北 9 条西 8 丁目北海道大学構内（〒 060-0809）
Tel. 011（747）2308・Fax. 011（736）8605・http://www.hup.gr.jp

㈱アイワード

ISBN978-4-8329-3405-4